DR. VERNON COLEMAN

Coma Verde

PIERDA PESO EN FORMA NATURAL

Traducción
Luz Amorocho

GRUPO EDITORIAL
norma

Barcelona, Bogotá, Buenos Aires, Caracas,
Guatemala, México, Miami, Panamá, Quito, San José,
San Juan, San Salvador, Santiago de Chile.

Edición original en inglés:
EAT GREEN. LOSE WEIGHT
del Dr. Vernon Coleman.
Una publicación de Angus & Robertson Publishers, London & Sidney.
Copyright © 1990 por Dr. Vernon Coleman.

Copyright © 1993 para todo el mundo de habla hispana
por Editorial Norma S. A.
Apartado Aéreo 53550, Bogotá, Colombia.
Edición revisada para España,
Gran Vía de les Corts Catalanes No. 322-324, 08004 Barcelona.
Reservados todos los derechos.
Prohibida la reproducción total o parcial de este libro,
por cualquier medio, sin permiso escrito de la Editorial.
Primera reimpresión, 1993
Segunda reimpresión, 1994
Tercera reimpresión, 1994
Cuarta reimpresión, 1995
Quinta reimpresión, 1996
Sexta reimpresión, 1996
Séptima reimpresión, 1997
Impreso por Cargraphics S. A. — Imprelibros
Impreso en Colombia — Printed in Colombia
Abril, 1997

Dirección editorial, María del Mar Ravassa G.
Edición, Juan Fernando Esguerra
Diseño de cubierta, Camila Costa
Fotografía de cubierta, Alvaro Díaz

ISBN: 958-04-2119-6

UNA COMEDIDA RECOMENDACIÓN

Comer de acuerdo con las prescripciones de este libro sólo puede hacerle bien. Sin embargo, si le están haciendo un tratamiento médico o si tiene cualquier síntoma de enfermedad, o problemas de salud, consulte, por favor, a su médico antes de cambiar sus hábitos alimentarios. Es muy posible que, si cambia su dieta, su tratamiento médico también cambie (por ejemplo, si tiene presión sanguínea alta, artritis o dolencias cardíacas, quizás pueda disminuir o suspender el tratamiento con drogas).

Nota del autor

Tratar de decidir si se compra o no un libro puede ser difícil. Un rápido vistazo a sus páginas no siempre es suficiente para determinar si uno se va a beneficiar o no con su lectura. En cuanto a este libro, usted debiera comprarlo si:
• Quiere adelgazar — y permanecer delgado — y si ya está harto de las dietas a corto plazo, que o fracasan o se vuelven aburridoras.
• ¡Quiere seguir una dieta sana, pero no sabe qué alimentos evitar y no desea tener que prescindir de todo lo que le gusta.
• Ha estado pensando en volverse vegetariano, pero aún tiene preguntas que requieren una respuesta... y algunas dudas y temores que quisiera disipar.

Si estos temas le interesan y si, además, quiere realidades y algunos consejos simples, directos y fáciles de seguir, entonces le conviene leer COMA VERDE.

Vernon Coleman

Contenido

PRIMERA PARTE: LA REVOLUCIÓN VERDE

1. **Adoptar lo verde** 3
   Una dieta con sentido 3. Basta con esto para adoptar lo verde 8. Matices de lo "verde" 14. ¿El hombre es carnívoro? 22. Realidades acerca de los alimentos 26.

2. **Bueno para la salud** 74
   Los peligros de la carne 74. ¿Los alimentos que uno ingiere pueden estarlo conduciendo a enfermarse? 82. Razones para comprar alimentos orgánicos 93. La verdad sobre los aditivos de los alimentos 95. Coma verde y evite infecciones 100.

3. **Bueno para el espíritu** 105
   Salvar a los animales comiendo verde 105. Y salvar al mundo 110.

4. **Bueno para la figura** 113
   Coma verde y adelgace 113.

SEGUNDA PARTE: SECRETOS PARA ADELGAZAR CON ÉXITO

5. **Enfrentarse al problema** 117
   El sobrepeso y sus peligros 117. ¿Cómo puede uno determinar cuánto peso debe perder? 121. Las dietas que no sirven 125. Excusas que no debe darse 133. No permita que la dependencia de la comida arruine su dieta 136.

6. **Los diez mayores secretos del éxito en un adelgazamiento permanente** 143

Contenido

7. Los mejores consejos del mundo para adelgazar   175

TERCERA PARTE: ALIMENTOS Y RECETAS

8. Los alimentos de la dieta verde y sus contenidos   191

9. Recetas para una dieta verde   207

PRIMERA PARTE
LA REVOLUCIÓN VERDE

1
Adoptar lo verde

Una dieta con sentido

Hoy en día debiéramos ser más sanos que nunca, puesto que gastamos en cuidados de la salud más que en ninguna otra época de la historia. Asignamos enormes sumas de dinero para la investigación médica, y los hospitales poseen una dotación altamente tecnificada. El personal de las clínicas está muy capacitado. Empleamos las técnicas agrícolas más perfeccionadas de la historia y los más avanzados métodos de preparación y empaque de alimentos, y existen grandes compañías multinacionales empeñadas en preservar y mejorar la calidad de los alimentos.

Sin embargo, no sólo no somos más saludables que nuestros antecesores, sino que es evidente que, en muchos aspectos, nunca habíamos estado más enfermos. El cáncer era prácticamente desconocido en el siglo XIX, pero a lo largo del siglo XX los casos de esa enfermedad se han multiplicado. La presión sanguínea alta, las enfermedades del corazón y los accidentes cerebrales son mucho más comunes hoy que antes. El número de diabéticos se está duplicando cada diez años; las alergias ocurren con mucha mayor frecuencia, lo mismo que la indigestión, las úlceras pépticas y los problemas intestinales de todo tipo. La depresión y la ansiedad son lugares comunes; está aumentando el número de envenenamientos de todo orden provocados por los alimentos, y los médicos atienden cada año a más pacientes víctimas de trastornos tan variados como las jaquecas y la artritis.

Algunas personas podrían argumentar que ahora sufrimos más de enfermedades como las del corazón o el cáncer, y de trastornos degenerativos como la artritis, porque vivimos más años que nuestros antepasados; pero este argumento no resiste al examen cuidadoso. En verdad, sólo *parecemos* tener una vida más larga que la vida de las generaciones anteriores, porque el número de recién nacidos y de niños que mueren hoy en día es mucho menor que el de los que morían en otras épocas de la historia. Hace unos cuantos miles de años — incluso sólo unos cuantos cientos — numerosas personas no llegaban a la niñez. Estas muertes tempranas determinaron que el *promedio* de la esperanza de vida fuera más bajo que el actual.

Las tasas modernas de mortalidad infantil son comparativamente bajas, pero los adultos de hoy sólo viven un poco más que los adultos de hace uno o dos siglos. Simplemente, no se puede disculpar nuestra debilidad creciente, vulnerabilidad y susceptibilidad a las enfermedades, basándonos en que hoy día vivimos más, pues esto no es así. Entonces, ¿qué ha cambiado? Hay un buen número de posibles explicaciones.

A primera vista, parecería que vivimos en un mundo seguro y relativamente poco amenazador. En teoría, debiéramos tener una existencia más cómoda y satisfactoria que la de las generaciones precedentes. Podemos obtener electricidad con sólo oprimir un interruptor, y agua corriente con sólo darle la vuelta al grifo. Tenemos muchos vestidos con qué abrigarnos, y estamos rodeados de aparatos diseñados para que nuestra vida sea más fácil y agradable. Podemos descolgar el teléfono y hablar con los amigos del otro lado del mundo. Teóricamente, debiéramos estar libres de presiones, estrés y preocupaciones.

Pero no hay tal. Estamos expuestos a mayor estrés que cualquiera de nuestros antepasados, y sufrimos más de enfermedades relacionadas con el estrés que ninguno de ellos.

La razón es simple. El cuerpo en el que habita el hombre fue diseñado hace mucho, mucho tiempo, y para un mundo bastante diferente del actual; un mundo en el que los enemigos, amenazadores y fácilmente visibles, creaban problemas inmediatos que requerían soluciones inmediatas. Fue un cuerpo hecho para ayudar al hombre a resolver problemas físicos por medio de acciones físicas. Si tenía que enfrentarse con un animal fiero y carnívoro, sus músculos se tensaban, su presión sanguínea se elevaba, el corazón le latía con mayor celeridad y una descarga de adrenalina le inundaba las venas.

Sin embargo, más o menos en el curso del último siglo, el mundo ha cambiado muchísimo. Hemos creado un nuevo entorno. Nuestros problemas no son simples ni directos. Muy pocos se resuelven fácilmente por medio de la acción física. En consecuencia, en la actualidad se reconoce universalmente que el estrés es una causa significativa de enfermedad y de angustia.

Los agentes contaminantes son también un gran problema. Algunos provienen del ambiente: las sustancias químicas que afecta al aire que respiramos y al agua que bebemos y que por lo general vienen de las fábricas y de los vehículos automotores. Otros agentes dependen más de la persona; entre ellos, los más importantes son, por supuesto, las sustancias químicas cancerígenas que se producen al fumar tabaco.

Pero además de estos riesgos, hoy en día no hay duda de que una de las causas más significativas de enfermedad y de muerte temprana es la calidad de los alimentos que las personas consumen. En los países desarrollados, por ejemplo, aunque muy pocos ciudadanos mueren actualmente de hambre, y la mayoría tienen acceso a comida más que suficiente, los casos de desnutrición son asombrosamente numerosos. La mala calidad de los alimentos es, sin duda alguna, uno de los factores contemporáneos que más influyen en la salud.

Esta aparente paradoja tiene una explicación simple. Aunque en esos países la mayoría de las personas dispone de comida suficiente, muchos de esos alimentos han sido procesados tan a fondo, que los ingredientes con los cuales la gente prepara sus comidas podrían ser calificados más exactamente de "productos" que de alimentos. Es notorio que tres cuartas partes de la comida que ingerimos ha sido procesada, empacada y excesivamente refinada. Hoy en día, con mucha frecuencia, las plantas de procesamiento de alimentos privan a éstos de los nutrimentos esenciales, para reemplazarlos por aditivos potencialmente nocivos. Durante los últimos diez años aproximadamente, numerosos investigadores de todo el mundo han demostrado que existe una cercana e incontrovertible relación entre la clase de alimentos que consumimos, por una parte, y la frecuencia de enfermedades y de acumulación de grasa indeseada, por la otra.

La mayor parte de las personas que tienen problemas de peso, obtienen la mayor parte de su energía — y de sus calorías — de alimentos grasosos, ricos en azúcar y excesivamente refinados. Las enfermedades del corazón, los trastornos digestivos, la presión sanguínea alta, las alergias y muchos otros problemas relacionados con la alimentación, ocurren con más frecuencia entre aquéllos cuya dieta consta de alimentos ya preparados, empacados y ricos en aditivos. Además, como el contenido de grasa de la carne es cada vez mayor, la frecuencia de los trastornos específicamente causados por ésta se ha multiplicado. Las campañas publicitarias diseñadas para promover dichos alimentos son cada vez más complejas y efectivas, con lo cual el problema se hace cada vez mayor. Mientras que la mitad de la población mundial se muere de hambre, la otra mitad sufre los efectos de una sobrealimentación basada en productos no naturales. Es evidente que el mundo occidental debe aprender a comer en forma más racional.

Durante los años ochenta, en el mundo se publicaron más de sesenta importantes informes realizados por comités que se habían dedicado a la tarea de investigar qué tan peligrosos estaban resultando los actuales hábitos alimentarios. Bastante más de las tres cuartas partes de esos comités recomendaron comer menos grasa. La mayoría de ellos sugirió ingerir menos azúcar, y más de la mitad insistió fervientemente en la idea de que la gente debería comer más fibra.

Adoptar lo verde

Desgraciadamente, estas recomendaciones no han sido aceptadas sin la oposición de quienes han invertido capital en la manufactura y venta de alimentos ricos en aditivos. En los últimos tiempos, una gran confusión — a veces deliberada — ha sido suscitada por "expertos" pagados para defender una determinada causa. El mejor ejemplo es el relacionado con las grasas animales. Prácticamente todos los comités científicos y médicos más importantes han estado de acuerdo con que comemos demasiada mantequilla y demasiadas carnes grasosas, y con que tomamos demasiada leche cremosa. En los países en donde el consumo de grasas ha disminuido (y en donde otros factores han permanecido medianamente estables) la proporción de enfermedades cardíacas también ha descendido.

No obstante, como sucede con cualquier otro hecho en que existe relación entre el comportamiento y la enfermedad, éste también es mayormente circunstancial. Probar que la grasa es causa de enfermedades del corazón es tan difícil para los científicos como probar que el cigarrillo provoca cáncer del pulmón. A pesar del acuerdo existente entre expertos honestos e independientes, siempre queda la sombra de la duda. Y esto constituye un punto débil que los grupos de presión comercial pueden explotar. La industria de la alimentación se dio cuenta hace años de que se puede comprar a cualquier número de especialistas de la medicina, de aparente buena reputación, con unas pocas dádivas y un puñado de tiquetes de avión; y gran parte de la confusión que reina respecto de la alimentación ha sido creada por las intrigas pagadas por algunos activos elementos de la industria, animados por ambiciones pecuniarias. Por tanto, no es sorprendente que sólo muy pocas personas sepan hoy en día qué creer... y qué comer.

El objetivo de COMA VERDE. PIERDA PESO EN FORMA NATURAL es ayudarle a usted de dos maneras. Por una parte, pretendo decirle la verdad con respecto a los alimentos: La verdad sobre las grasas, las proteínas, los carbohidratos, las vitaminas y los minerales; la verdad sobre la sal, el pan, la leche, los huevos, la carne y todos los demás elementos comunes en la alimentación; y también la verdad sobre los colorantes, los conservantes y sobre otros aditivos que consumimos diariamente. Por otra parte, quiero indicarle qué debe hacer para liberarse de los malos hábitos alimentarios, y cómo actuar para adquirir otros hábitos que puedan conservarse con facilidad.

Los datos y la experiencia que he logrado acumular le ayudarán a usted a adoptar una dieta más sana y a perder el peso indeseado. Pero lo más importante de todo es que usted se beneficiará de esto permanentemente, porque, al adoptar una nueva forma de comer, podrá mantenerse delgado y saludable por el resto de la vida. A diferencia de lo que le haya sucedido con otras dietas que haya emprendido antes, encontrará que mis consejos son fáciles de seguir permanentemente. Usted logrará su meta, porque sus nuevos hábitos alimentarios serán placenteros y porque se sentirá bien con los cambios.

Pronto se dará cuenta de que mis consejos tienen sentido en lo que respecta a la salud, a la moral y al medio ambiente. Descubrirá que mi dieta facilita notoriamente la pérdida de peso de modo natural, inevitable y permanente. Este cambio de hábitos le dará la excelente oportunidad de prescindir de otras malas costumbres en la alimentación y de comenzar a comer sólo cuando realmente tenga hambre. Dentro de algunos meses se sentirá más saludable, más en forma, más fuerte y más feliz.

Basta con esto para adoptar lo verde

Hace algunos años, los vegetarianos eran considerados seres extraños, personajes grotescos dignos de lástima, a quienes se menospreciaba como a individuos inofensivos pero chiflados. Se suponía que las mujeres vegetarianas eran bastante alegres, más amistosas que femeninas y tostadas por el sol. En general, se creía que desdeñaban las prendas íntimas y que usaban sayas largas, oscuras y sin gracia, para disimular su falta de

Adoptar lo verde

formas. Los hombres vegetarianos debían ser barbudos y flacos y preferir las sandalias de plástico destapadas, los vestidos de pana descoloridos y arrugados y los lentes con montura de acero.

PREGUNTA: *¿Una dieta vegetariana no es algo mortalmente aburridor? ¿Cómo puede uno vivir con una dieta invariable de repollo y lechuga?*

RESPUESTA: *Si usted cree que una dieta vegetariana tiene ser triste y aburridora, posiblemente le enseñaron desde pequeño que la única comida realmente esencial era la carne, y que las verduras, las frutas, las legumbres, los cereales y otros alimentos eran de importancia secundaria.*

No hay duda de que la comida vegetariana ha tenido que cargar con una fama horrible. Incluso hoy en día hay hoteles y restaurantes en donde lo único vegetariano que se puede conseguir es ensalada de tomate y lechuga. Las dos cosas de las que se quejan con frecuencia los vegetarianos recién convertidos son la falta de color y la falta de textura de sus alimentos. Ambos problemas se resuelven fácilmente cuando uno deja de pensar en qué le hace falta (por ejemplo, la carne o el pescado) y comienza a imaginar otras posibilidades.

Empiece por observar en el supermercado más próximo o en la tienda de comestibles, la variedad existente de frutas y verduras; es muy posible que encuentre una docena de cosas que nunca ha probado o en cuyas muchas posibilidades nunca ha pensado. Cocinar — y comer — puede ser tan estimulante y satisfactorio con carne como sin ella.

Hoy en día las cosas han cambiado y ahora hay una tendencia mayor hacia el vegetarianismo, especialmente entre los jóvenes, la gente acomodada y la gente con una buena educación. El consumo de carne ha comenzado a decaer. Una tercera parte de las mujeres ha dejado de comer carne por completo o ha rebajado su consumo en forma notoria. Al mismo tiempo, cada vez se comen más verduras, legumbres y frutas frescas.

La revolución verde

En la mayor parte de los supermercados de los países desarrollados ya se ofrecen diversos platos vegetarianos listos para cocinar, y hasta algunos restaurantes de comida rápida ya están surtiendo sus negocios con platos vegetarianos. Si las tendencias actuales se mantienen — y todo indica que así será —, aproximadamente en el año 2000 los consumidores de carne, tal como los fumadores, serán la minoría.

PREGUNTA: *¿Una dieta vegetariana es más costosa que una dieta ordinaria?*

RESPUESTA: *No. Y tal vez sea más barata.* La carne y sus derivados son extremadamente caros, y todo indica que lo serán aún más en el futuro.

Hay varias razones por las cuales la gente está dejando de comer carne y se está volviendo vegetariana. En primer término, muchos están cayendo en la cuenta de que nuestra dieta moderna basada en carne rica en grasa no es sana. El alejamiento de la "basura" empacada llena de aditivos y la tendencia hacia una alimentación sana y natural se ha ido produciendo gradualmente, pero todavía muchos médicos afirman que los hábitos alimentarios de las personas siguen siendo la causa de un considerable número de enfermedades. No se trata solamente de la carne, por supuesto. Los bizcochos, los chocolates, las golosinas, las comidas "cómodas" empacadas y las comidas preparadas, congeladas y listas para servir también han sido puestas en la picota. Sin embargo, la carne y sus productos, como las hamburguesas y las salchichas, son sin duda los causantes de los malestares que con más frecuencia conducen a la enfermedad y a la muerte temprana. Las modernas prácticas agropecuarias y las técnicas manufactureras ocasionan que los productos cárnicos no sólo contengan grandes cantidades de grasa y de otros ingredientes nocivos, sino que estén en condiciones de fácil contaminación por

Adoptar lo verde

organismos infecciosos. Más adelante, en las páginas 74 a 82, me ocuparé de los trastornos que se consideran asociados al consumo de la carne.

En segundo término, miles de personas prescinden de la carne cuando se dan cuenta de la crueldad que significa el hecho de criar y aprestar animales para comérselos; y muchos otros piensan que es simplemente inmoral criar animales únicamente para que sirvan de alimento. Esta preocupación moral fue la que me llevó a convertirme en vegetariano.

Yo vivo en un hermoso lugar de la campiña inglesa, y mi cuarto de estudio da a nuestra pradera, algo más de una hectárea de tierra fértil que desciende hacia un arroyo claro. Era primavera, y los campos vecinos estaban poblados de ovejas cargadas de leche y de decenas de corderos recién nacidos. De pronto, oí los balidos desesperados de una madre y de su cordero, que se llamaban angustiosamente. Me levanté de mi escritorio y miré por la ventana. De alguna manera, el cordero había logrado atravesar el espeso seto de zarza que separa nuestro prado de uno de los amplios campos pertenecientes a una granja vecina. Yo miraba cómo el cordero trataba de pasar, sin lograrlo, por entre el seto que lo separaba de su madre.

PREGUNTA: *Los animales se matan los unos a los otros todo el tiempo. ¿Cuál es la diferencia entre esto y el hecho de que los humanos maten animales para obtener comida?*

RESPUESTA: *En primer lugar, algunos animales son carnívoros y tienen que comer carne para sobrevivir. Nosotros no. En segundo lugar, los animales salvajes, en general, matan a su presa con bastante rapidez. En cambio, muchos animales criados en granjas — y todos los que se sacrifican en los mataderos — reciben muy mal trato.*

Después de un par de minutos de balar ruidosamente, la infeliz madre metió la cabeza por entre el seto, lo atravesó y

La revolución verde

siguió a su cordero, que se encontraba dentro de nuestra espesa pradera. Una vez reunidos cordero y madre, se olisquearon afectuosamente. Es posible que me equivoque, pero podría jurar que, según me pareció, la madre regañó al cordero por haberse alejado tanto de la casa.

Ya podrá usted imaginarse qué siguió después. Cuando la primera oveja encuentra camino a través de un seto, todas las demás del vecindario tienen que seguirla. Las ovejas son más curiosas que los gatos y más fáciles de conducir que los niños de una escuela. En cinco minutos, nuestro prado estuvo repleto de ovejas de aspecto más bien corpulento y de un par de decenas de robustos corderos. Yo los miraba asombrado. En realidad, nunca antes había *mirado* jugar a los corderos. Es verdad que brincan en el aire y caracolean; juguetean y saltan por todas partes como niños felices. Juegan a alcanzarse, a las escondidas y a todos los demás juegos simples y pasados de moda de los patios escolares. Los estuve mirando durante una hora.

Esa noche salimos a comer con unos amigos a un restaurante de la localidad, y lo primero que vi en el menú fue cordero. Si unos años antes alguien hubiera dicho "cordero", lo primero que se me hubiera ocurrido habría sido "salsa de menta". Pero esa noche, lo único en que pude pensar fue en esas criaturas felices y juguetonas que había visto en nuestro prado. ¿Cómo hubiera podido *comerme* un trozo de uno de esos corderos? Pedí una tortilla de huevo y nunca más volví a comer carne.

Sólo después descubrí que yo sigo una de las tendencias más populares hoy en día, más de moda y de más rápido crecimiento, lo cual es bastante excepcional en mí, que me he pasado la mayor parte de mi vida nadando contra la corriente.

Como mucha gente que conozco, yo había estado aceptando por años, feliz y sin ponerlo en duda, las curiosas reglas sociales que en Gran Bretaña, como en muchas partes del mundo, hacen que uno considere perfectamente normal que los cerdos, el ganado vacuno y las ovejas se sacrifiquen y se

Adoptar lo verde

corten en porciones adecuadas para el consumo, pero que juzgan totalmente inaceptable que los caballos (que en realidad no son ni más ni menos inteligentes que los cerdos o las vacas) sean tratados con crueldad o que, horror de los horrores, sean sacrificados en mataderos, cortados en pedazos y comidos con mucha mostaza y algo de verdura. Con no poco sentimiento de vergüenza, debo confesar que yo también me las había arreglado para desconocer el hecho de que la mayoría de los animales que uno come son mantenidos en condiciones repugnantes, transportados en forma bárbara y sacrificados con una crueldad indignante y una absoluta falta de compasión. Cuando comencé a hacer preguntas sobre la manera como tratan a los animales, encontré cada vez más difícil de defender que haya que pagarles a otros por realizar en nombre de uno cosas tan repugnantes. En caso de que haya personas que todavía no estén convencidas y quieran saber más sobre la manera como tratan a los animales en su nombre, en las páginas 105-110 describo detalladamente cómo son la crianza y el sacrificio para la producción de carne.

Estas dos razones — la preocupación por la salud y la ansiedad moral y emocional por lo que les hacemos a los animales — son los dos argumentos que con más frecuencia se aducen para dejar de consumir carne; pero éstas no son las únicas razones por las cuales la gente se vuelve vegetariana. Algunos lo hacen porque de verdad no les gusta la carne o porque les parece demasiado cara (paradójicamente, mientras la calidad de la carne ha descendido y su número de contaminantes es mayor, su precio ha subido). Muchos han dejado de comer carne por razones religiosas. Algunas creencias orientales, especialmente el hinduismo y el budismo, fomentan el vegetarianismo. Los adventistas del séptimo día no comen carne; tampoco los miembros de otras ramas del cristianismo, ni muchos monjes. No pocas personas se han vuelto vegetarianas porque han caído en la cuenta de que si hay menos gente del mundo occidental que coma carne, habrá mucha menos hambre en los países en vía de desarrollo.

La revolución verde

PREGUNTA: *¿Convertirme en vegetariano me ayudará a adelgazar?*

RESPUESTA: *Sí. No porque la carne sea rica en calorías, sino porque, al dejar sus antiguos y malos hábitos alimentarios, usted estará en condiciones de reemplazarlos por otros nuevos y mejores que le ayudarán a adelgazar y a permanecer delgado. Convertirse en vegetariano significa cambiar por completo la manera de comer, y, en muchos casos, cambiar también la manera de pensar con respecto a la comida; es decir, descubrir nuevos tipos de alimentos y nuevas recetas. Y también le dará la oportunidad de adquirir el hábito de comer sólo cuando tenga hambre. Cuando me convertí en vegetariano, perdí cerca de seis kilos en seis meses, sin ningún esfuerzo.*

La producción de carne es costosa si se la compara con la de los productos agrícolas. La extensión de tierra que se necesita para producir una libra de proteína animal es considerablemente mayor que la que se emplea para producir una libra de proteína vegetal. No hay ninguna duda de que si un mayor número de personas de los países desarrollados comiera menos carne, y si una extensión mayor de tierras se destinara al cultivo de cereales, podría disminuir o desaparecer el hambre en África y Asia.

Por último, un buen número de personas han prescindido de la carne o han disminuido su consumo, con el objeto de perder peso. Los vegetarianos son mucho menos propensos a engordar que los que comen carne, y miles de personas que siguen dietas para adelgazar ya se han dado cuenta de que es mucho más fácil perder peso (*y mantenerse delgado*) con una dieta vegetariana que con otra que contenga carne rica en grasa.

Matices de lo "verde"

Quien desee comer menos carne tiene a mano muchas opciones. ¡Hay varios matices aceptables de lo verde! Los senti-

Adoptar lo verde

mientos deben decidir hasta dónde quiere llegar la persona en materia de verdes, y la velocidad a la que quiere avanzar. No necesariamente tiene que dejar toda la carne y todos los productos animales de la noche a la mañana, a menos que así lo haya decidido. Debe decidir qué le conviene, qué tan lejos quiere ir y con cuánta rapidez quiere cambiar sus hábitos alimentarios. Debe escoger un estilo de vida con el cual se sienta cómodo, y, a pesar de que sus intenciones puedan ser las de cortar con la carne inmediata y permanentemente, no hay nada de malo en el hecho de rebajar su consumo poco a poco. El camino que escoja dependerá de sus sentimientos, esperanzas y expectativas. Si prefiere prescindir de la carne porque no puede soportar la idea de que sacrifiquen animales en su nombre, probablemente quiera dejarla inmediatamente. Pero si quiere disminuir su consumo por razones de salud o porque desea perder peso, tal vez prefiera cambiar sus hábitos alimentarios con más lentitud.

Se necesita tener sentido del humor para sobrevivir a unas vacaciones si se es vegetariano. Poco tiempo después de comenzar a serlo, reservé cupo para pasar unos días de esquí en Austria, y le advertí a la agencia de viajes y a la compañía organizadora que quería comida vegetariana. El personal del hotel, sin embargo, se mostró terriblemente confundido. Trataron de complacerme por todos los medios, pero, por ejemplo, una memorable comida ¡consistió en un par de cucharadas de puré de papa!

En muchos lugares hay ahora restaurantes especializados en comida vegetariana, pero yo creo firmemente que todos los vegetarianos debieran pedir en todos los hoteles y restaurantes la comida que les conviene. Si muchos clientes procedieran así, hasta los más anticuados propietarios de hoteles y de restaurantes acabarían cediendo, por simples razones comerciales. El restaurante de "comida rápida" de mi barrio (en donde cocinan con aceite vegetal) ha comenzado a vender hamburguesas vegetarianas como respuesta a mis repetidas solicitudes de una posibilidad diferente de las de pescado y salchichas. Algunas cadenas de restaurantes de comida "rápida" ya han comenzado a ofrecer hamburguesas de fríjoles, y algunas venden papas al horno con una gran variedad de rellenos. Además, es muy fácil obtener una excelente comida vegetariana en los restaurantes chinos o indios.

PREGUNTA: *Si me vuelvo vegetariano, ¿tendré problemas cuando coma fuera, por ejemplo durante las vacaciones, o cuando vaya a un restaurante, o cuando viaje en avión, o cuando mi familia quiera salir a comer a alguna parte?*

RESPUESTA: *Tendrá algunas experiencias buenas, algunas comidas excelentes y otras que serán un absoluto desastre. Si va a separar mesa en un restaurante, asegúrese primero de que tienen comida vegetariana; y si va a reservar un cuarto de hotel, tome las mismas precauciones. Si va a viajar por avión, pregunte si tienen esa clase de servicio; es muy posible que le sirvan una comida mejor que la del resto de los pasajeros. Y si viaja como participante de una excursión, presente su solicitud ante la empresa organizadora, pero no espere que le presten atención.*

También se puede obtener comida vegetariana en algunos hospitales, pero probablemente querrán que les advierta con anticipación.

Si usted tiene que ir a comidas en las que el menú es fijo, y no alcanza a pedir que le preparen otra cosa, escoja un plato normal, pida una buena cantidad de verduras y de legumbres, y, si el plato trae carne, déjela.

He estado en comidas en donde nadie se enteró de que yo era vegetariano, y en las cuales, para evitarles molestias a los anfitriones, comí a mi manera, sin prestarles atención a las bandejas de carne.

Hay cuatro etapas básicas en el vegetarianismo. En la primera, como lo mencioné anteriormente, uno puede simplemente reducir el consumo de carne; suspenderlo por completo sería difícil: casi todo el mundo ha sido educado en la creencia de que la carne es el elemento principal de toda comida, y la

Adoptar lo verde

dependencia psicológica que esto haya podido crear puede ser muy poderosa. Teóricamente, quien coma carne, por poca que sea, no es vegetariano; pero disminuir el consumo puede ser un paso importante para mejorar la salud y la figura... y también puede ser una modesta pero importante declaración de principios acerca del trato cruel que se les da a los animales de cría. Mucha gente que disminuye el consumo de carne pero que no la deja del todo comienza por comerla sólo una o dos veces por semana y evita tomar las porciones que tengan grasa. Los que renuncian al cerdo, al cordero, a la ternera y al ganado vacuno pero comen aves y pescado se conocen como semivegetarianos.

En la segunda etapa, la persona llega a suspender las carnes, entre ellas la de pollo, pero sigue comiendo pescado. Quien no gusta de comer carne de ninguna clase, pero considera difícil de aceptar que una dieta compuesta sólo de productos vegetales sea satisfactoria o completa, pasará con frecuencia por una etapa en la que comerá sólo pescado.

La siguiente etapa es el vegetarianismo total. El verdadero vegetariano no come ni carne ni pescado, pero sí productos animales como huevos, leche y queso. (Estrictamente hablando, los vegetarianos que comen huevos y productos lácteos se conocen como lactoovivegetarianos, mientras que los que omiten los huevos pero siguen comiendo productos lácteos, se llaman lactovegetarianos. Pienso que semejantes divisiones carecen de importancia y son innecesarias, pero las menciono porque es probable que usted las oiga en algún momento.)

La última etapa es convertirse en *vegan*. Un verdadero *vegan* no come ningún producto animal: ni huevos, ni queso, ni leche. El resultado puede ser una vida bastante difícil; relativamente pocos vegetarianos llegan a esos extremos. Aunque sólo se mire desde un punto de vista práctico, a menudo es casi imposible conseguir comida *vegan* durante los viajes.

Con el objeto de ofrecer una visión completa del tema, debo anotar que algunos *vegan* evolucionan hacia el frutarianismo; con el argumento de que no es ético comer las partes vivas de las plantas, tratan de vivir con una dieta compuesta sólo de

La revolución verde

frutas. Hay un buen número de variantes igualmente extrañas en lo que respecta a este caso extremo. Algunas personas que se autodenominan higienistas proclaman que cualquier comida cocida es mala para la salud. Argumentan que la comida cruda es mucho mejor, y creen que ingerir los alimentos según unas combinaciones previamente establecidas es de importancia vital. También hay unas cuantas personas que creen todo lo contrario: que una dieta constituida por frutas y verduras crudas es poco saludable. Las personas que denominan su teoría alimentaria como macrobiótica, aspiran a una dieta consistente sólo en arroz integral.

Querer cambiar la dieta es algo completamente personal, y usted no debe permitir que alguien cuyos hábitos alimentarios sean diferentes de los suyos lo haga sentirse culpable o irresponsable. Desgraciadamente, algunos vegetarianos no ocultan cierto desprecio por las personas que todavía comen pescado o pollo, y algunos *vegan* dejan entrever que no les interesa tener relación con alguien que afirma ser vegetariano pero que todavía goza comiendo huevo.

PREGUNTA: *¿Los sustitutos de la carne, no contienen realmente carne?*

RESPUESTA: *No, y algunas hamburguesas y salchichas vegetarianas son muy buenas, aunque otras son horribles. Creo que los productos sustitutivos de la carne pueden utilizarse ocasionalmente, pero no se los recomendaría como algo permanente en su alimentación: pueden ser aburridores.*

Personalmente, prefiero emplear el dinero que ahorro dejando de comprar carne en ensayar nuevos alimentos. Hace poco descubrí una fruta mitad naranja y mitad toronja que resultó maravillosa. No soy muy entusiasta de los asados de nuez: las nueces son una excelente fuente de proteínas (aunque muy ricas en calorías), pero yo las prefiero como son y no convertidas en sustituto de la carne.

Hace algunos años yo no hubiera podido decir que iba a adherir a ningún tipo de vegetarianismo. El bistec y el pastel

Adoptar lo verde

de hígado, al igual que el emparedado de tocineta y las salchichas asadas a la parrilla, eran algunos de mis platos preferidos. Así pues, no voy a convertirme ahora en abanderado de mi particular vegetarianismo, ni voy a asegurar que nunca vaya a prescindir de los huevos o del queso; pero por el momento me siento satisfecho con la dieta que he escogido. Y ciertamente no creo que las decisiones que he tomado a ese respecto me hayan convertido en una persona mejor que quien come bistec dos veces por día, ni peor que el que se alimenta sólo de arroz integral.

Lo único que sé es que hoy en día me siento bien comiendo huevos y queso, pero me siento mal comiendo carne. Como muchos otros vegetarianos, pasé por la fase de comer carne

---

PREGUNTA: *¿Es sano para un niño seguir una dieta vegetariana?*

RESPUESTA: *Sí, pero tengo fuertes dudas sobre qué tan bueno pueda ser aconsejarles a los padres que sometan a su hijo a una dieta vegan. Si a un niño se lo alimenta con una dieta vegetariana bien balanceada, que contenga una mezcla sana de alimentos frescos, estará recibiendo todas las proteínas, vitaminas y minerales necesarios. En algunos países, la mayor parte de las escuelas suministran servicio de comidas para los niños vegetarianos. Una dieta vegan puede ser deficiente en algunos elementos esenciales. Si usted quiere que su hijo siga una dieta vegan, consulte primero a un nutricionista o a un dietista. Su médico personal probablemente podrá ponerlo en contacto con alguno.*

Tal vez deba advertirle que, aunque los padres tienen el derecho de educar a sus hijos dentro del vegetarianismo, deben permitirles tomar una decisión "libre" a este respecto cuando estén próximos a convertirse en adultos. Nunca es aceptable tratar de obligar a alguien a adoptar un código moral determinado. Dicho esto, no me parece que sea peor animar a un niño sano a que adopte una dieta vegetariana que obligarlo a comer carne. Creo que lo importante es explicarle al niño por qué la dieta de sus padres no incluye carne. Si llega a estar realmente convencido, probablemente no tendrá problemas en el colegio o con los amigos.

---

blanca (especialmente pollo) y de no comer carne roja, y luego por otra fase en la que comía pescado pero no carne. Sin embargo, con el tiempo decidí que sacar a los peces de su hábitat, con el objeto de que yo pudiera sazonarlos con vinagre y comérmelos con papas fritas, no se justificaba.

Yo estoy satisfecho de que la clase de vegetarianismo que adopté (y que han adoptado la inmensa mayoría de los "nuevos" partidarios de la alimentación "verde") me permita comer sin sentirme culpable. No quiero comer carne porque sé que hay que matar a un animal para que en mi plato pueda haber una chuleta. Por otra parte, mientras tenga la seguridad de estar comprando sólo huevos de gallinas criadas en libertad y de hacer toda la campaña que pueda para que a los animales de cría los traten bien, me estaré sintiendo más seguro de que mis hábitos alimentarios no implican que estos seres tengan que sufrir. Este es el argumento moral que me mueve a ser vegetariano más bien que *vegan*.

También hay poderosas razones en lo que a salud se refiere. Puesto que la dieta *vegan* no contiene absolutamente nada de proteínas animales, los que la siguen se privan de sustancias esenciales. Algunos aminoácidos no se encuentran en alimentos vegetales como las verduras, las frutas o las legumbres. La vitamina B_{12}, que es indispensable para la formación de los glóbulos rojos, posiblemente también se halle en ellas en cantidad insuficiente. Otro riesgo que corren los *vegan* es el de consumir muy poco hierro, calcio, cinc y yodo; pero si se le presta atención a estas posibles insuficiencias, muchas de ellas pueden remediarse. Por ejemplo, hay hierro en los cereales integrales, en las lentejas y en los fríjoles; se encuentra cinc en el germen de trigo, en las nueces y en las semillas, y la insuficiencia de calcio puede suplirse si la persona come gran cantidad de verduras de hoja verde oscuro, alimentos integrales, nueces, legumbres, semillas y leche de soya. Sin embargo, es evidente que algunos *vegan* sufren de trastornos causados por insuficiencias y que muchos de ellos complementan su dieta con píldoras.

Personalmente, considero que cualquier dieta que requiera

Adoptar lo verde

suplementos de píldoras artificiales preparadas por la industria farmacéutica (que ha sido la responsable de una serie de desgraciados abusos cometidos con seres humanos), es bastante inaceptable. Me repugna la idea de escoger un estilo de vida que inevitablemente me conduzca a tener que contribuir al incremento de las ganancias de esta industria y a la consolidación de sus prácticas, con bastante frecuencia inmorales y crueles. Prefiero seguir una dieta completamente natural y saludable.

PREGUNTA: *Si me convierto en vegetariano, ¿tengo que dejar de usar lana, cuero y gamuza? No me halaga la idea de usar sandalias plásticas todo el tiempo.*

RESPUESTA: *Lo que pienso al respecto es que el daño causado al medio ambiente por la manufactura de ropa y calzado de materiales sintéticos excede ampliamente al que pueda originarse en el uso de pieles de animales que de cualquier modo hubieran muerto. Ciertamente, me cuidaré de comprar ropa confeccionada con materiales provenientes de animales criados específicamente para satisfacer ese propósito (por ejemplo, un abrigo de piel). Y no voy a adquirir más zapatos de los necesarios sólo por el prurito de la elegancia; pero uso calzado de cuero y suéteres de lana. Sé que algunos* vegan *estrictos considerarán esto imperdonable, pero creo que sus protestas carecen de sentido. Al fin y al cabo, uno puede argüir que la industria plástica — que elabora muchos productos sustitutivos — ha matado a miles de seres humanos a causa de la contaminación que genera en la atmósfera, en los ríos y en los mares. El consejo que puedo darle es simple: Haga aquéllo con lo cual se sienta cómodo (¡más en lo moral que en lo físico!).*

Algunos *vegan* sin duda protestarán diciendo que es imposible obtener huevos, leche o queso sin abusar de los animales. Yo no estoy de acuerdo, porque creo que es perfectamente posible criar gallinas y ganado vacuno en condiciones apropiadas, y obtener de ellos productos alimenticios naturales, sin abuso o crueldad.

Por tanto, los consejos que aparecen en este libro están dirigidos a los que quieran seguir una dieta vegetariana en sentido amplio y no *vegan*. Sin embargo, en la sección consagrada a las recetas (capítulo 9), incluyo unas cuantas "verde oscuro" apropiadas para los *vegan*.

¿El hombre es carnívoro?

No creo que haya explicaciones muy claras y tajantes a este respecto, pero de todos modos la pregunta merece una respuesta. Nadie puede saber con absoluta seguridad qué clase de alimentos comían nuestros antepasados, pero es muy posible que la mayoría de ellos comieran de todo: que fueran omnívoros. El hombre primitivo comía lo que podía conseguir, y aunque esto posiblemente incluía algo de carne, es casi seguro que no la consumía en forma regular. Es poco probable que antes que animales como el cerdo, la vaca o la oveja fueran domesticados, el hombre, que sólo contaba con armas bastante primitivas, tuviera muchas posibilidades de matar grandes animales salvajes. ¿Se imagina usted lo que significaba cazar un bisonte, un jabalí o un oso con la única ayuda de un pedazo de roca medio afilada? No obstante, parece haber ciertos indicios de que el hombre primitivo comía animales pequeños tales como ranas y caracoles, y de que, cuando podía, pescaba cangrejos y peces.

En términos generales, la carne parece haber desempeñado durante muchos miles de años un papel muy limitado en la alimentación de los seres humanos; sólo con la aparición de armas más refinadas y de complejas técnicas de cría se hizo verdaderamente viable el sacrificio de animales. Cuando podían conseguir carne, en general la reservaban para ceremonias religiosas o para fiestas de alguna significación tradicional o cultural. Los aborígenes australianos parecen ser un ejemplo típico del hombre primitivo: su alimentación corriente consiste en frutas silvestres y verduras, que comple-

Adoptar lo verde

mentan con nueces, semillas, flores, miel y, ocasionalmente, huevos. Cuando logran atrapar un animal, comen carne; pero no la consideran parte integrante de su comida diaria.

Ciertamente, la estructura física de los humanos permite pensar que su alimentación básica tradicional fue más de herbívoros que de carnívoros. Por ejemplo, los carnívoros propiamente dichos, como los lobos, los zorros, los perros y los gatos, tienen mandíbulas y caninos anchos y fuertes apropiados para morder y desgarrar carne. Por otra parte, los herbívoros (como las vacas y los caballos), tienen dentadura y mandíbulas destinadas a triturar y a mascar hierbas. Los humanos tienen caninos, pero atrofiados y no de mucho uso. Basta comparar, por ejemplo, los dientes más largos de una persona con los equivalentes de un perro o de un gato.

La estructura intestinal humana también parece corroborar la teoría de que el hombre primitivo obtuvo su sustento más de las plantas que de los animales. Los herbívoros tienen largos intestinos que les permiten disponer del tiempo necesario para extraer de las plantas los nutrimentos esenciales. Los carnívoros, que encuentran sus nutrimentos "ya listos" en forma de carne, sólo necesitan intestinos cortos. El intestino de los seres humanos es largo; en otras palabras, está hecho para extraer la mayor cantidad posible de nutrimentos de una alimentación predominantemente vegetariana.

Parece seguro que a lo largo de los siglos, y en la medida en que las técnicas agrícolas se iban desarrollando, fueron operándose cambios en la alimentación cotidiana de los humanos y en sus prioridades. De año en año ha ido creciendo la industria de la cría, del forraje y de la producción de la carne rica en grasa que forma parte de la alimentación actual y que contrasta con la carne magra y fibrosa que debieron de comer nuestros antepasados. Un animal salvaje tiene un contenido graso mucho menor que otro sometido a engorde en el reducido espacio de un establo iluminado artificialmente. Hoy en día los animales no corretean a su gusto, ni pueden comer lo que quieran. Las personas no tienen que hacer el menor esfuerzo físico para conseguir la carne que van a comer; lo

La revolución verde

único que hacen es ir en automóvil al supermercado y tomar un paquete de carne del congelador.

Mientras todos esos cambios en la cría de animales y en la preparación de los alimentos iban ocurriendo, muy pocas transformaciones se operaban en el cuerpo humano. Para que las características fisiológicas cambien, se necesitan incontables milenios o incluso millones de años. No podemos arreglárnoslas para evolucionar con la misma rapidez con la que hemos ido modificando el mundo y nuestra alimentación.

Nuestros antepasados ingerían carne sólo ocasionalmente; tomaban sangre para darse fuerzas, y se comían el cerebro de sus enemigos para apropiarse de su sabiduría. Hoy en día, sin embargo, hemos aprendido nuevos hábitos alimentarios. Hemos aprendido a mirar la carne como parte de la comida cotidiana. Nos hemos acostumbrado a gustar del sabor de la carne grasosa, y las hábiles técnicas de *marketing* y publicidad dan a entender que ya hemos aceptado la carne como parte aparentemente "esencial" de nuestra alimentación. No comemos carne porque *tengamos* que hacerlo, sino porque nos han enseñado a hacerlo.

Más o menos durante el último siglo, el consumo de carne — en particular de carne gorda — se ha multiplicado. Por ejemplo, el consumo de pollo alimentado artificialmente es ahora diez veces mayor que hace treinta y cinco años. Hoy en día, una cuarta o hasta una tercera parte de la grasa indeseable que se ingiere proviene de la carne.

La verdadera respuesta a la pregunta inicial sobre si el hombre es carnívoro podría ser que el hombre es un oportunista: come lo que se le presente. Es, hasta cierto punto, un animal que se alimenta de carroña. Su pariente más cercano, el gorila, no come carne, y la mayor parte de los demás miembros de la familia de los monos come muy poca. Pero el hombre fue dotado con habilidades mentales y físicas que le permitieron "producir" otros animales, crear nuevas razas domésticas que pudieran someterse a la crianza especialmente destinada a producir comida. A lo largo de los años, nos hemos acostumbrado a que la carne forme parte de nuestra alimentación. En el pasado se la consideraba como un lujo; hoy en día se cree que es esencial. Les hemos permitido a los ganaderos, a sus agencias de publicidad y a sus expertos en *marketing* que nos convenzan de que debemos comer enormes cantidades de carne de mala calidad. Hoy en día, para mucha gente es dificilísimo planear una comida sin que la carne sea lo principal. Hay muchas otras fuentes provechosas de proteínas, pero la carne es considerada como la "reina" de los alimentos. La pasta de fríjol untada sobre pan integral es sin ninguna duda una de las comidas más sanas del mundo, pero posiblemente mucha gente considera que el peor y el más barato de los productos hechos con carne es superior.

La última e inevitable verdad es que fue la habilidad del hombre para pensar creativamente lo que lo llevó a domesticar animales para su propio consumo. Y, sin embargo, me parece que nuestra costumbre actual, recién establecida, de abusar de los animales para convertirlos en parte regular de la alimentación revela el lado tenebroso de nuestra naturaleza. Los seres humanos fuimos favorecidos con la capacidad de pensar, y este privilegio evidentemente implica que no debamos seguir dejando que lo más oscuro de nuestro ser domine nuestro comportamiento.

Probablemente fuimos hechos para comer alimentos variados. Hace más o menos un millón de años nuestros antepasados comían todo lo que tuvieran al alcance de la mano. La mayor parte del tiempo vivían de los alimentos de origen vegetal, y sólo de vez en cuando tenían la oportunidad de agregar carne a su alimentación. Sólo cuando aprendieron a dominar el fuego, hace apenas quinientos mil años, pudieron cocinar la carne para hacerla más digerible.

Lo cierto es que, aunque estuviéramos hechos para comer carne, nunca lo estaríamos tanto como para consumirla en las proporciones a que nos hemos acostumbrado, y de ninguna manera para aguantar una comida llena de carne rica en grasa.

Los animales que cazaban nuestros antepasados eran magros y más bien fibrosos. Miles de años de ganadería comercial convirtieron a animales que una vez fueron salvajes en bestias completamente diferentes. La verdad escueta es que ni usted ni yo fuimos hechos para comernos una ternera de engorde.

Realidades acerca de los alimentos

En un promedio de setenta años de vida, una persona ingiere alrededor de treinta toneladas de comida. Los alimentos que consume le suministran las sustancias que necesita para crecer y para reparar los tejidos deteriorados. Las proteínas de esos alimentos le aportan los aminoácidos con los cuales su organismo produce todas las proteínas esenciales para el cuerpo humano. Las vitaminas y los minerales, junto con las enzimas, ayudan a que se realicen los procesos metabólicos en el organismo. Además de suministrar los nutrimentos esenciales para construir, reparar y poner en funcionamiento el organismo, los alimentos que la persona ingiere también lo proveen de la energía que requiere para conservar la temperatura corporal, para mantener activos los órganos y para tener la capacidad de usar los músculos. Cuanto más ejercicio hace la persona, más alimento necesita.

Si consume más comida que la que el cuerpo requiere para su actividad cotidiana, el residuo se convertirá en grasa corporal; y si posteriormente ingiere menos alimentos de los que necesita, esos depósitos de grasa suplirán tales necesidades al convertirse en energía.

Los alimentos están compuestos de carbohidratos — o hidratos de carbono —, grasas, proteínas, vitaminas y minerales. La siguiente es una descripción de las funciones que desempeña cada uno de estos elementos y de sus características.

Carbohidratos

¡Qué terrible reputación tienen los carbohidratos entre los que quieren adelgazar! Y, sin embargo (tal vez como cosa extraña),

Adoptar lo verde

muchos habitantes de los países subdesarrollados — y muchas de las personas que quieren adelgazar — ingieren diariamente muy pocos alimentos que contengan carbohidratos.

Los carbohidratos son elaborados por las plantas — las verduras, los cereales y las frutas — tomando sus elementos del agua, de la luz solar y de los sobrantes de dióxido de carbono en forma de gas que los seres humanos exhalan. Básicamente, hay tres tipos de carbohidratos de origen vegetal: fibra o afrecho, azúcares o carbohidratos simples y almidones o carbohidratos complejos.

La fibra se ha puesto muy de moda desde hace algunos años, y un buen número de empresas han ganado una gran cantidad de dinero al venderla como si se tratara de un ingrediente mágico recientemente descubierto. Sin embargo, la verdad es que este auge de la demanda de fibra se debe al descubrimiento del hecho de que, durante años, los fabricantes de alimentos han estado despojándolos de fibra en forma exagerada. Probablemente pensaban que estaban haciéndole un enorme favor a la gente: la fibra no tiene gran valor nutritivo, y la mayor parte de ella se expulsa directamente por la vía intestinal sin que haya sufrido casi ninguna transformación.

No obstante, no se daban cuenta los refinadores de alimentos de que, a pesar de lo insignificante que parece su contenido de sustancias nutritivas, la fibra es un elemento de enorme importancia en la alimentación diaria de las personas. A lo largo de varios millones de años, el sistema digestivo se fue desarrollando para poder habérselas con los alimentos que contuvieran fibra. La fibra les suministra a los intestinos algo qué comprimir; ayuda a estimular todo el sistema digestivo, a mantener la comida en movimiento y a prevenir trastornos tales como el estreñimiento.

Hace algunos años, los médicos se dieron cuenta de que ciertas enfermedades cuya presencia era cada vez más frecuente en Europa y en los Estados Unidos eran prácticamente desconocidas en muchos países menos desarrollados en donde los hábitos alimentarios eran todavía relativamente

La revolución verde

PREGUNTA: *¿Convertirme en vegetariano producirá algún buen efecto en mi salud?*

RESPUESTA: *Puede producirlo. Si sufre de estreñimiento, por ejemplo, probablemente descubrirá que comiendo más frutas frescas y verduras podrá resolver su problema en forma permanente. La fibra extra que se encuentra en los alimentos de origen vegetal puede ayudarle enormemente. También estará mucho menos expuesto a intoxicarse (cerca del 90 por ciento de las intoxicaciones causadas por comida se deben a carnes infectadas). Más adelante, en otras partes de este libro, encontrará una descripción bastante extensa de las ventajas de una dieta con poca carne o libre de ella.*

---

primitivos y en donde no se había oído hablar del pan blanco. Poco a poco, el gremio médico llegó a demostrar que la gente cuya alimentación es demasiado escasa de fibra corre el riesgo de contraer una amplia gama de afecciones digestivas. También probaron que, puesto que la fibra llena mucho a quien la come, proporciona pocas calorías, ayuda a reducir la absorción de grasa y retarda la absorción de azúcar, es de enorme importancia para quienes quieren adelgazar. Aunque las plantas de procesamiento de alimentos han cambiado enormemente durante los últimos decenios, los intestinos no se han modificado nada, y el organismo todavía necesita un abastecimiento suficiente y regular de fibra. La lista de enfermedades conocidas que hoy en día se relacionan con una dieta escasa de fibra incluye el cáncer del intestino, la diverticulitis del intestino (anormalidad muscular que trae como consecuencia la formación de pequeñas bolsas en las paredes de este órgano), la apendicitis, los cálculos biliares y las várices. En general, la mayoría de la gente necesita comer más fibra. En promedio, debiera ingerir más o menos el doble de fibra de la que consume diariamente, si quiere alimentarse de manera más sana y evitar esa larga lista de trastornos antes mencionados.

Adoptar lo verde

No obstante, aunque la persona necesite más fibra, no tiene por qué comenzar a comprar suplementos especiales de fibra o de salvado. Es mucho mejor obtener esa dosis extra de los alimentos naturales, ¡que además son más baratos! Me parece increíble que los mismos fabricantes que se han encargado de extraerles la fibra a los alimentos que nos venden, ¡tengan el descaro de ofrecernos esta misma fibra como un suplemento de alto precio! Probablemente éste será uno de los más grandes abusos de confianza de todos los tiempos.

La fibra proviene de las paredes de las células de las plantas y está compuesta de un buen número de carbohidratos complejos. Hay dos tipos principales de fibra: la soluble y la insoluble. La mayor parte de los alimentos que contienen fibra incluyen los dos tipos.

Las fuentes más ricas en fibra soluble son las legumbres — arvejas y fríjoles — y productos tales como las gachas, el pan de cebada perlada o de centeno que contenga avena, la cebada o el centeno. La mayor parte de las verduras y de las frutas también contienen algo de fibra soluble.

Una vez ingerida, la fibra soluble forma en el estómago una sustancia viscosa, parecida a la gelatina, que restringe la absorción de grasa de los alimentos. La fibra soluble también disminuye la cantidad de azúcar que absorbe el organismo. Además, como ayuda a controlar la producción de insulina (hormona que regula el nivel de azúcar en la sangre), la fibra soluble probablemente contribuye a disminuir la sensación de hambre.

En cambio, la fibra insoluble se encuentra más que todo en algunas verduras, como las habichuelas o judías verdes, y en productos tales como la harina, el pan y los cereales del desayuno a base de trigo. La fibra insoluble actúa más como una esponja que como una gelatina, y se dilata al mismo tiempo que chupa la humedad del estómago. Por esto, al hincharse, hace que uno se sienta lleno y se le quite el deseo de comer demasiado.

El segundo tipo de carbohidrato es el azúcar. El que empleamos con más frecuencia es el refinado, tanto blanco como

La revolución verde

Fibra

Usted debe aumentar su consumo de fibra porque:
- Eso le ayudará a sentirse lleno y a reducir su apetito;
- eso le reducirá el riesgo de sufrir afecciones del estómago y del intestino;
- esto le reducirá el riesgo de sufrir de cálculos biliares, de várices y de apendicitis;
- esto le ayudará a reducir la cantidad de grasa que su organismo absorba;
- esto le ayudará a evitar el estreñimiento;
- esto le ayudará a evitar que las toxinas y los venenos se extiendan por el organismo, puesto que la fibra los absorbe;
- la comida rica en fibra exige una masticación más prolongada, y, por consiguiente, llega al estómago mejor preparada para la digestión.

Para aumentar su ingestión de fibra:
- Coma más pan, preferiblemente integral, cortado en rebanadas gruesas;
- coma más pasta, especialmente integral;
- coma más arroz, preferiblemente integral;
- use trigo integral o harina integral al cocinar;
- coma avena (en gachas) y cereales ricos en salvado;
- coma más verduras y frutas frescas;
- coma frutas secas y nueces en lugar de chocolates y dulces;
- coma más legumbres;
- cuando compre galletas escoja las de harina de avena integral;
- coma papas con pellejo;
- incluya en sus ensaladas verduras crudas ralladas o cortadas en pedacitos;
- haga con avena molida sus galletas y su migajón para apanar;
- no pele las frutas ni las verduras, pero lávelas muy bien antes de comerlas;
- no cocine demasiado las verduras y utilice tan poca agua como le sea posible.

Nota: Aumente su ración de fibra gradualmente. Mucha gente sufre de gases y de molestias abdominales cuando ingiere demasiada fibra desde el comienzo.

Adoptar lo verde

moreno, que venden en los supermercados empacado. Estas clases de azúcar también se conocen como sacarosa y se extraen de la caña de azúcar o de la remolacha. Son ricas en calorías, pero prácticamente no contienen ningún otro nutrimento beneficioso, de manera que sólo suministran energía instantánea pero no más. Sin embargo, hay muchos otros tipos de azúcar, por ejemplo la miel de abeja, el melado, la melaza, el jarabe de maíz, la glucosa, la fructosa y la maltosa.

Algunos de estos otros tipos de azúcares contienen elementos adicionales útiles; por ejemplo, la miel de abeja contiene algunas vitaminas y minerales, mientras que la melaza tiene algo de calcio, de hierro y de otros minerales. Sin embargo, estas cantidades son pequeñas, y, a pesar de las exageradas afirmaciones de muchos vendedores de alimentos dietéticos, realmente no hay razón para tomar miel en cambio de azúcar corriente, como tampoco es verdad que la miel producida por abejas que hayan recogido un tipo particular de polen tenga algún valor especial. Hoy en día, los fabricantes le agregan azúcar prácticamente a todo, desde las sopas (para realzar el sabor y "mejorar" la textura), la carne enlatada (para mantenerla "blanda"), la salsa de tomate (para hacerla más suave), hasta las galletas (para que queden crujientes y desmenuzables). Los fabricantes de alimentos, al asegurarse de que la mayor parte de las comidas refinadas y empacadas tengan una gran dosis de azúcar, al presentarla como un elemento esencial de nuestra alimentación y al divulgar el falso mensaje de que el azúcar es inocuo, han conseguido que cada persona consuma un promedio anual de 45 kilos de azúcar. No obstante, se presentan numerosos problemas asociados al consumo exagerado de azúcar, que, como lo han demostrado investigadores independientes, están claramente relacionados con la caries dental y con el cáncer del seno, del colon y del recto. Además, no hay duda de que el consumo de grandes cantidades de azúcar lleva a la obesidad, lo que a su vez conduce a contraer enfermedades del corazón y a muchos otros problemas.

No sobra decir que, aunque algunos azúcares — como la

La revolución verde

Azúcar

Usted debe disminuir el consumo de azúcar porque:
- Causa caries;
- causa obesidad;
- aumenta el riesgo de contraer enfermedades del corazón y otras afecciones graves;
- grandes cantidades de azúcar aumentan el riesgo de contraer cáncer del seno, del colon o del recto.

Para reducir el consumo de azúcar:
- Lea las etiquetas de los alimentos empacados y evite comprar los productos a los que les hayan agregado azúcar;
- coma frutas secas y nueces en lugar de dulces;
- reduzca gradualmente la cantidad de azúcar de su té o café, o trate de tomar menos té o café, o use edulcorantes artificiales;
- escoja bebidas de bajas calorías o tome agua mineral en lugar de gaseosas ricas en azúcar;
- compre jugos naturales en vez de jugos con dulce;
- no compre alimentos para bebés a los que les hayan agregado azúcar;
- no agregue innecesariamente azúcar a la leche del bebé;
- cuando vaya a hornear, ponga menos azúcar de la que su receta indica y trate de reducirla un poco más cada vez;
- compre compotas y mermeladas bajas de azúcar;
- escoja galletas bajas de azúcar (en lugar de galletas cubiertas de chocolate o rellenas de crema);
- coma frutas frescas en vez de enlatadas (si compra frutas enlatadas, escójalas en su jugo en vez de en almíbar);
- compre yogur natural sin azúcar y agréguele usted mismo fruta para darle sabor;
- prepare sus postres con menos azúcar;
- cuando cocine, use otros sabores — por ejemplo, especias o frutas — en lugar de azúcar;
- cuando salga a comer, escoja queso bajo de grasa o frutas frescas en vez de postres ricos en azúcar y en grasa;
- extienda capas más delgadas de compota o mermelada en el pan o en las tostadas.

---

fructosa, la glucosa y la lactosa — se encuentran en forma natural en alimentos tales como las frutas, es evidente que los

Adoptar lo verde

azúcares refinados o extractados presentan muchos más riesgos de causar trastornos que los que, en estado natural, están mezclados con mucha fibra.

El tercero y último grupo de carbohidratos es el de los almidones o "carbohidratos complejos". Al contrario de lo que sucede con el azúcar simple, que se deshace rápidamente — y puede convertirse en energía "instantánea" — los almidones se digieren por lo general lentamente.

Alimentos como las legumbres (arvejas y fríjoles), el arroz y demás cereales, la pasta y muchas frutas y verduras son ricos en almidones. Es claro, pues, que un vegetariano — que consume muchas verduras, una gran cantidad de diferentes frutas frescas y, con frecuencia, una proporción considerable de pan, pasta y arroz — inevitablemente ingerirá muchos almidones. Las personas que quieren adelgazar y a quienes les preocupan los carbohidratos (pues los asocian a las calorías) pueden tranquilizarse. Los alimentos que contienen una buena cantidad de carbohidratos en forma de almidones poseen un gran potencial de energía (indispensable para la vida diaria), pero, además, tienen un variado conjunto de nutrimentos esenciales como las porteínas, las vitaminas y los

---

Almidones

Usted debe aumentar el consumo de almidones porque:
- Los alimentos que son ricos en carbohidratos en forma de almidones también contienen proteínas, hierro y vitaminas;
- los almidones contienen relativamente pocas calorías;
- los almidones también son ricos en fibra.

Para aumentar su consumo de almidones:
- Coma más pan, y córtelo en rebanadas gruesas;
- coma más verduras;
- coma más frutas frescas;
- coma más arroz;
- coma más pasta;
- coma más legumbres (arvejas y fríjoles).

minerales. Contrariamente a lo que piensan con frecuencia quienes quieren adelgazar, los carbohidratos en forma de almidones tienen relativamente pocas calorías, y para adelgazar — y mantenerse delgado — no es necesario evitarlos.

PREGUNTA: *Si dejo de comer carne, ¿puedo debilitarme y cansarme con facilidad?*

RESPUESTA: *No. Hay vegetarianos que han ganado medallas olímpicas en torneos de fuerza y resistencia, y otros que han sido campeones de boxeo. Algunos de los animales más fuertes de la tierra — los elefantes, los gorilas, los toros y los caballos — son vegetarianos. En conjunto, los vegetarianos son más fuertes y resistentes que los que comen carne.*

Grasas

Una gran parte de nuestra energía proviene de la grasa que ingerimos, y el exceso de ésta queda almacenado en sitios bien conocidos del cuerpo. Un poco de grasa es parte esencial de la dieta, pero, desgraciadamente, la mayoría de la gente come demasiada cantidad. En promedio, la mitad de las calorías que las personas ingieren las suministra la grasa, la cual proviene en gran proporción de la carne y sus productos y de la leche y sus derivados, como la crema y la mantequilla. No creo que exista otro aspecto de la nutrición que cause mayor controversia y confusión que el tema de las grasas. Así pues, aquí están las respuestas a las preguntas que la gente formula con más frecuencia:

¿Cuál es la diferencia entre las grasas saturadas, las no saturadas y las poliinsaturadas?

Todas las grasas contienen la misma cantidad de calorías... y engordan lo mismo. También todas las grasas están compuestas del mismo tipo básico de ácidos grasos: los saturados, los no saturados y los poliinsaturados. La diferencia consiste en la proporción en que se presentan los saturados y los poliinsaturados, y los tres nombres se aplican a las grasas de acuerdo con el tipo de ácido graso que predomine.

Las grasas saturadas causan las mayores molestias. Por lo general provienen del reino animal, en forma de carne o de leche y sus derivados. Como el organismo humano no efectúa en forma adecuada la digestión de las grasas saturadas, éstas tienden a permanecer en la corriente sanguínea por largos períodos. Con el tiempo, se adhieren al recubrimiento interior de los vasos sanguíneos, y entonces producen aterosclerosis, o sea un estrechamiento que puede conducir a la presión sanguínea alta, a enfermedades del corazón o a un accidente cerebral. La presencia de grandes cantidades de grasa saturada también impide la correcta metabolización de los alimentos, al igual que la remoción de los productos de desecho. A la larga, enfermedades tan diferentes como la gota o la diabetes pueden aparecer como resultado de la ingestión exagerada de grasas saturadas.

A simple vista, uno puede determinar qué tan rica en ácidos grasos saturados es una grasa. En general, las que contienen altas cantidades de ácidos grasos saturados — como la manteca de cerdo o la mantequilla — permanecen sólidas a la temperatura ambiente. Las menos saturadas o no saturadas son, en general, grasas líquidas o aceites, y se encuentran habitualmente en los aceites de origen vegetal o en las plantas oleaginosas. Algunos de estos aceites, como el de girasol y el de cártamo, son ricos en ácidos grasos poliinsaturados.

Para mayor confusión, hay algunas excepciones a estas reglas generales. El aceite de palma y el de coco son muy ricos en grasas saturadas, aunque, por ser de origen vegetal, debieran no serlo; y el pollo, el pavo, el conejo y los pescados de carne grasosa, como la caballa, el arenque y el atún, contienen menos grasas saturadas que la carne de res o de cerdo.

¿Qué es el colesterol?

El colesterol no es lo mismo que la grasa; aunque tiene algunas propiedades similares, desde el punto de vista químico se conoce como un esterol y está presente en todos los tejidos animales. Un poco de colesterol no es nocivo; pero si su nivel alcanza una concentración demasiado alta en la sangre, puede causar trastornos. Actualmente, muchos expertos piensan que cuanto más alto sea el nivel de colesterol en la sangre, mayor será el riesgo de sufrir un ataque al corazón.

Aunque el colesterol está presente en muchos alimentos, ésta no es la *única* forma de acumulación: el organismo fabrica su propio colesterol sirviéndose de las grasas saturadas; así que cuando uno las consume exageradamente, es casi seguro que el nivel de colesterol subirá en la sangre. Por otra parte, aunque las grasas no saturadas suministran la misma energía que las saturadas, tienden a reducir los niveles de colesterol en la sangre.

Si uno quiere reducir sus niveles de colesterol en la sangre, puede lograrlo de dos maneras. Por una parte, disminuyendo el consumo de alimentos que contengan colesterol; es decir: sesos, caviar, queso, chocolate, crema, huevos, corazón, riñones, hígado, mollejas y crustáceos como los cangrejos y la langosta. No es necesario suprimirlos completamente; en general, basta con disminuirlos. Y, por otra parte, disminuyendo el consumo de grasas animales como la mantequilla, la crema de leche completa, la manteca y la grasa de la carne, que son ricos en ácidos grasos saturados. Todas esas grasas pueden convertirse en colesterol una vez ingeridas. Hay que recordar también que los aceites de palma y de coco son ricos en ácidos grasos saturados, y que, por lo tanto, pueden aumentar en exceso el colesterol.

¿La grasa es dañina?

Para mantenerse sano, es indispensable que la dieta contenga algo de grasa. Algunos ácidos grasos poliinsaturados, conoci-

Adoptar lo verde

dos como ácidos grasos esenciales o AGE, se necesitan para el mantenimiento de las membranas celulares y para la producción de sustancias como las prostaglandinas, que tienen una gran cantidad de funciones vitales; pero, actualmente, los hechos tienden a probar que uno debe consumir el mínimo posible de grasas saturadas. Si uno consume grasas animales en forma ilimitada, aumentará grandemente el riesgo de contraer una enfermedad arterial o de sufrir un ataque al corazón.

La primera conexión probable entre la ingestión de grasa y una enfermedad del corazón se registró en 1953. Desde entonces se han agregado muchos más eslabones a la cadena de hechos comprobatorios.

Grasas

Usted debe reducir el consumo de grasas saturadas porque:
- Las grasas saturadas aumentan el riesgo de contraer una enfermedad del corazón, de que la presión sanguínea suba y de que se presente algún accidente cerebral;
- las grasas saturadas son ricas en calorías;
- demasiadas grasas saturadas aumentan el nivel de colesterol en la sangre;
- el exceso de grasa saturada puede acumularse en las arterias y menoscabar las funciones de la sangre.

Para reducir el consumo de grasas usted debe:
- tomar leche descremada o semidescremada;
- comprar pan de mejor sabor y usar menos mantequilla;
- en vez de mantequilla, usar algún producto sustitutivo con poca grasa o que contenga grasas poliinsaturadas (recuerde que la margarina ordinaria contiene grasas saturadas);
- consumir yogur y queso bajos de grasa;
- si consume crema, comprarla sencilla en vez de doble;
- comprar aderezos para ensalada, salchichas y pasteles bajos de grasa;
- comprar carne magra y quitarle toda la grasa visible;
- comer más carne blanca (por ejemplo, pollo);
- comer más pescado;
- cocinar con aceites que contengan grasas poliinsaturadas;
- preferir asar a la parrilla en vez de freír sus alimentos;
- escurrir la grasa después de cocinar;

La revolución verde

- no agregar grasa cuando esté cocinando;
- preparar sus pasteles con poca grasa;
- no comerse la piel del pollo (contiene mucha grasa);
- cortar las papas en rebanadas gruesas (así absorberán menos grasa que las delgadas, al freírlas);
- asegúrese de que el aceite o la manteca estén bien calientes antes de introducir las papas (así absorberán menos grasa);
- usar hierbas en sus ensaladas, en vez de aderezos grasosos y engordadores;
- usar hierbas en vez de mantequilla, con las verduras;
- en las recetas, reemplazar la crema por yogur;
- usar horno microondas, si tiene; así no se verá en la necesidad de agregarles grasa a sus alimentos para cocinarlos;
- usar sartenes antiadhesivas para freír; así no tendrá que agregar grasa;
- asar a la parrilla, hornear, cocinar al vapor, escalfar, cocinar en cazuela y hervir, antes que asar con grasa o freír; cuando uno fríe removiendo no necesita usar mucha grasa;
- secar las papas fritas con papel de cocina después de freírlas, para retirar el exceso de grasa;
- cuando hornee, usar aceite en vez de grasas sólidas;
- después de asar carne a la parrilla o en un asador (para que la grasa escurra), tirar a la basura la manteca en vez de tratar de usarla de nuevo.

En los Estados Unidos, de 1963 a 1975, el consumo de leche, de mantequilla y de otras grasas animales descendió en forma extraordinaria. Durante ese mismo período, la proporción de ataques al corazón también disminuyó notablemente.

Los datos más sorprendentes provienen de Bélgica, en donde la población de habla flamenca, que vive en el norte, ha estado disminuyendo el consumo de grasas en forma constante desde hace más de veinte años. En cambio, en el sur de ese país, la población francohablante ha mantenido un consumo de grasas bastante alto. Hacia el comienzo de los años setenta, el norteño medio consumía sólo el 80 por ciento de la grasa que consumía un sureño corriente.

Es difícil eludir la conclusión de que hay una fuerte relación entre la cantidad de grasas ingeridas y la frecuencia de las

Adoptar lo verde

enfermedades del corazón. Casi todos los comités científicos y médicos más importantes del mundo están de acuerdo con que las grasas saturadas causan enfermedades del corazón. Y casi todos los expertos coinciden en afirmar que sería conveniente que todas las personas disminuyeran el consumo de grasas, en particular de grasas saturadas. En los Estados Unidos, un comité del Senado nombrado especialmente para estudiar la salud y la dieta recomendó que el consumo de grasa disminuyera del 40 al 30 por ciento, dentro del promedio de ingestión de energía.

PREGUNTA: *¿Los vegetarianos viven más tiempo?*

RESPUESTA: *Gran parte de los vegetarianos posiblemente tienen mejor salud que la mayoría de los que comen carne; pero tal vez eso se deba a que tienden a cuidar más su salud que los no vegetarianos. En conjunto, fuman menos y probablemente hacen más ejercicio. Como la carne (y sus productos) son ricos en grasas, cualquiera que disminuya su consumo estará menos predispuesto a trastornos tales como las enfermedades del corazón, que, como es sabido, están asociadas a un alto consumo de grasas. No obstante, el hecho de prescindir por completo de la carne y del pescado no va a mejorar su esperanza de vida.*

Por supuesto, nada de esto se ha dado sin oposición, especialmente de quienes tienen empeñado su interés financiero en mantener a un alto nivel las ventas de grasa (y especialmente de productos de origen animal). Sin embargo, quienes luchan por demostrar que existe relación entre una dieta rica en grasas y la frecuencia de las enfermedades del corazón, no cuentan con el lujo de numerosas pruebas científicas para sustentar sus argumentos. En cambio, algunos grupos de presión han empleado ciertas tácticas que algunos podrían considerar un tanto fraudulentas a fin de mantenerse en el mercado.

En la mayoría de los países, se ha mantenido la confusión acerca de los peligros de la grasa, a causa de la actividad de numerosos grupos de presión pagados. Todos los años, miles de hombres y mujeres entre los treinta y los cuarenta años de edad mueren prematuramente porque los incitaron a consumir cantidades ilimitadas de grasa. Estos hechos se pueden atribuir a las actividades de los industriales agropecuarios y a los productores de comida manufacturada que han organizado poderosos grupos de presión para esconder y distorsionar la verdad con respecto a las grasas animales. Sus intereses comerciales los conducen, naturalmente, a buscar por todos los medios que la gente continúe comiendo montones de mantequilla, huevos y carne grasosa, y que acompañe todo esto con grandes cantidades de leche entera y cremosa, por lo que han aunado sus esfuerzos para fundar un sinnúmero de organizaciones propagandísticas extremadamente eficaces pero insensibles.

No sólo pagan inmensas sumas en publicidad, sino que también usan su capacidad de gastar para tratar de influir en la opinión pública de manera más sutil. Por ejemplo, después que aparecí en una estación de televisión británica, desde donde advertí a los telespectadores que una alimentación demasiado rica en mantequilla y en leche podría producir enfermedades del corazón, el director de la estación recibió una carta de un ejecutivo del Consejo de Información acerca de la Mantequilla, quien dijo que su organización había tenido la intención de invertir una fuerte suma de dinero en publicidad por televisión, pero que ese plan había "quedado para después" como resultado de mis comentarios.

La ineludible verdad, a pesar de todo, es que el exceso de grasa *es* nocivo para las personas. Las grasas saturadas no sólo se acumulan en los vasos sanguíneos, sino que reducen la eficacia de los glóbulos rojos para conducir el oxígeno a todo el organismo, y, además, recogen y acumulan productos de desecho que debieran ser expulsados.

Cuando uno reduce la ingestión de grasas, reduce también la ingestión de calorías. Y al reducir la ingestión de grasas saturadas, mejora su salud.

Proteínas

El organismo fabrica sus propias proteínas, sirviéndose de los aminoácidos que obtiene de las proteínas que ingiere el ser humano. Y las proteínas son esenciales para el crecimiento, para la reparación de los tejidos y para el metabolismo de los alimentos. Las proteínas están constituidas por largas cadenas de aminoácidos, de los cuales hay veintidós en el cuerpo humano. Todos los aminoácidos contienen nitrógeno. Ocho de los que sirven para fabricar las proteínas de los adultos, y diez de los que sirven para fabricar las de los niños, deben obtenerse de los alimentos que ingerimos, puesto que nuestro cuerpo no puede fabricarlos. Estos se conocen como aminoácidos "esenciales".

Proteínas

Usted debe comer una provisión balanceada de proteínas porque:
- Son esenciales para el crecimiento y para la reconstitución de los tejidos dañados; también son indispensables para la producción de algunas enzimas.
- Si come muy pocas proteínas, las proteínas de los tejidos — especialmente las de los músculos — sufrirán daño.
- Si come más proteínas de las necesarias, los aminoácidos que las constituyen se romperán y una parte de ellas se convertirá en grasa corporal. Comer demasiada proteína también puede aumentar la pérdida de calcio del cuerpo y acrecentar el riesgo de osteoporosis. Además, las proteínas en demasía pueden forzar al hígado y los riñones (porque tienen que romper grandes cantidades de aminoácidos y expeler el nitrógeno resultante). Los científicos también han opinado que la gente cuya dieta contiene una alta dosis de proteínas (lo que en general quiere decir que es rica en carne) puede llegar a sufrir de insuficiencia vitamínica. También se ha dicho que una dieta con gran contenido proteínico puede conducir al cáncer (particularmente del seno) y a las enfermedades del corazón. Las mujeres japonesas que viven en su país corren un riesgo bajo de contraer cáncer del seno; en cambio, las que viven en los Estados Unidos y, por lo tanto, comen cuatro veces más carne se hallan mucho más propensas a contraerlo.

La revolución verde

PREGUNTA: *¿Cómo explica usted el hecho de que mi abuelo viviera hasta los noventa y cuatro años, a pesar de que durante toda su vida comió carne y grasas animales?*

RESPUESTA: *Estadísticamente hablando, la historia de un caso no es significativa en absoluto.* Conozco a un hombre que sobrevivió a tres accidentes automovilísticos, pero eso no quiere decir que este tipo de accidentes sean buenos para la salud... ni tampoco que no sean peligrosos. Conozco algunos fumadores empedernidos que han celebrado su septuagésimo aniversario, pero ello no quiere decir que otros miles de personas no hayan muerto en sus treinta o sus cuarenta años, por haber sido fumadores. Para sacar una conclusión válida en lo que respecta a la dieta y a la salud, hay que estudiar amplios grupos de población. Cuando uno realiza este tipo de estudios, observa que existe una relación evidente entre el consumo de grandes cantidades de grasa animal y trastornos tales como los accidentes cerebrales, la presión sanguínea alta y las enfermedades del corazón.

También hay otras tres razones por las cuales su abuelo pudo vivir hasta los noventa y cuatro años con una dieta rica en grasas. Primero, porque no cabe duda de que el contenido de grasa de la carne ha cambiado espectacularmente durante los últimos veinte a treinta años. Hoy en día, los ganaderos engordan deliberadamente a sus animales con el objeto de obtener más dinero por ellos. Incluso, existen regulaciones extrañas según las cuales los animales deben contener una determinada cantidad de grasa antes que los sacrifiquen. Hace algunos decenios los animales eran más flacos, y comer su carne era menos peligroso para la salud.

Segundo, porque su abuelo probablemente comía más fibra que la mayoría de quienes comen carne hoy en día. Hace unos cincuenta años se consumía bastante menos comida empacada que ahora. Las verduras se comían frescas, y era muy común el pan con alto contenido de fibra.

Tercero, porque el estilo de vida de su abuelo probablemente era muy diferente del suyo. A comienzos del siglo la gente hacía mucho más ejercicio que hoy en día. No había tantos automóviles, y viajar a alguna parte implicaba con frecuencia recorrer al menos una parte del trayecto a pie. Además, casi no había máquinas: la mayor parte del trabajo pesado tenía que hacerse a mano. A todo esto hay que agregar el hecho de que el grado de estrés al que estaban sometidas las personas hace veinticinco o cincuenta años era mucho menor. Hoy en día, casi todos sufrimos demasiado estrés y

Adoptar lo verde

hacemos por lo regular muy poco ejercicio; por lo tanto, necesitamos desesperadamente una dieta sana para poder hacer frente al mundo que nos hemos creado.

En el pasado, los alimentos que contenían cantidades suficientes de aminoácidos esenciales se llamaban "proteínas de primera clase". La mayor parte de estas proteínas se encuentran en la carne y en otros productos animales. Los alimentos que no contenían cantidades suficientes de aminoácidos "esenciales" se conocían como "proteínas de segunda clase". La mayor parte de ellas son de origen vegetal.

PREGUNTA: *¿La dieta vegetariana es insuficiente en proteínas esenciales o en vitaminas? Si dejo de comer carne, ¿no necesitaré tomar suplementos especiales para mantenerme sano?*

RESPUESTA: *La respuesta más corta y simple para ambas preguntas es "No". Aunque es un hecho que la gran mayoría de las personas obtienen de la carne casi todas las proteínas que ingieren, esto se debe solamente a sus hábitos alimentarios. Por una serie de razones de orden cultural, social y comercial, tienden a comer carne o pescado en casi todas las comidas principales. Sin embargo, la realidad es que la carne no es la única fuente posible de proteínas. Equiparando valores, los productos animales sólo son una fuente de proteínas ligeramente mejor que las nueces y las semillas y no lo son respecto de otros alimentos como la soya. Usted puede obtener de una dieta vegetariana todas las proteínas que necesite.*

Lo mismo puede decirse de las vitaminas y de los minerales. Creer que la carne contiene vitaminas esenciales y minerales que no puedan encontrarse en otros alimentos, es un error. Aunque los vegan *necesiten suplementos, los vegetarianos que aún comen huevos y derivados de la leche (y que se preocupan por seguir una dieta bien balanceada) podrán obtener de esta dieta todos los minerales y vitaminas que necesiten.*

La revolución verde

Aunque algunos nutricionistas a la antigua empleen todavía esa clasificación, ya está bastante pasada de moda. Hoy en día está aceptado que toda dieta bien balanceada debe contener todos los aminoácidos necesarios para crear nuevas proteínas. También es posible encontrar a algunos "expertos" que llaman a las proteínas "completas" o "incompletas" cuando hablan de los aminoácidos. Aconsejo no hacerle caso a semejante tontería. Cualquiera que hable de proteínas "completas" o "incompletas", de "primera clase" o de "segunda clase", está demostrando que lamentablemente está fuera de la realidad. Usted puede obtener todos los aminoácidos que su organismo necesita para fabricar sus proteínas, sin tener que ingerir carne o productos cárnicos. Los *vegan* obtienen estos aminoácidos de las plantas que comen, y en las cantidades requeridas.

Algunos extraños individuos aseguran también que para satisfacer las necesidades del organismo en materia de aminoácidos, uno debe ingerir al mismo tiempo unos tipos específicos de proteínas, con el objeto de que el aminoácido requerido entre en el organismo en el orden apropiado. El hecho de sugerir que el cuerpo humano sea tan simple e ineficiente como para no poder cuidarse por su propia cuenta, si los elementos necesarios para su supervivencia no le son suministrados en el orden estrictamente requerido, muestra una encantadora ingenuidad. Es un poco como decir que la calculadora de bolsillo no podrá sumar correctamente si uno no marca los sumandos en un orden predeterminado.

A pesar de la falta de lógica científica de semejante afirmación, la "combinación de alimentos" parece haber conseguido mucho apoyo. Algunos periodistas (la gran mayoría de los que sostienen esa teoría no tienen ninguna formación médica o científica) afirman que uno nunca debe comer queso sino con pan; otros aseguran que uno puede causarle un mal permanente al organismo si come frutas con carne; y muchos parecen creer que comer papas en un orden equivocado puede conducir a la ruina física.

En cierta manera, es verdad que uno debe tratar de balancear la dieta — con diferentes tipos de alimentos en cada comida — ¡pero no creo que realmente uno deba preocuparse por el orden de cada bocado! En la medida en que uno siga una dieta buena y variada, el organismo puede muy bien ordenar las cosas por sí mismo.

También es cierto que, aunque por tradición los productos animales han sido la fuente principal de proteínas para la mayoría de las personas, si los comparamos con las nueces y las semillas, en ese sentido su superioridad es insignificante, y no son mejores que la soya. Después que el cuerpo las ingiere — vengan en forma de carne o de planta — se dividen en sus partes constitutivas. El organismo absorbe entonces los diferentes aminoácidos, para fabricar con ellos las proteínas y las enzimas que lo mantendrán en funcionamiento. Cuanto más joven sea el organismo, mejor fabricará las proteínas, con mayor celeridad sanarán las heridas, y más crecerá. Los niños, puesto que crecen con rapidez, necesitan más proteínas que los adultos.

El cuerpo humano no puede almacenar proteínas, como sí almacena las grasas; así que uno debe ingerir las que necesite, con bastante regularidad. La diferencia entre la cantidad de nitrógeno que el organismo absorbe — en forma de aminoácidos — y la cantidad que expulsa como desecho, se conoce como balance del nitrógeno. Cuando el cuerpo está en período de crecimiento o cuando está reparando tejidos dañados, conserva mucho más nitrógeno que el que expulsa; pero si uno no come lo necesario, y el organismo se ve obligado a romper proteínas para proveerse de energía, expulsará más nitrógeno que el ingerido. La primera de estas dos situaciones ha sido descrita como balance positivo del nitrógeno; la segunda, como balance negativo del nitrógeno. Normalmente, el organismo está bien balanceado: la ingestión de nitrógeno es igual a la expulsión de éste.

Vitaminas y minerales

Las vitaminas y los minerales, algunas veces llamados "micronutrimentos" (pues los necesitamos en cantidades minúsculas), son esenciales para el mantenimiento de nuestro organismo. Ayudan a que los tejidos y la piel permanezcan sanos; producen enzimas, que cumplen una amplia gama de funciones esenciales; ayudan a liberar la energía de los alimentos; contribuyen al buen funcionamiento del sistema nervioso; colaboran en la producción de las hormonas y de los glóbulos rojos. Sin vitaminas y sin minerales, los dientes y los huesos se desmoronarían, y nosotros moriríamos.

Cuando hace cincuenta años fueron descubiertas las vitaminas, se identificaron con nombres de letras: A, B, C, D, etcétera. Después, los científicos descubrieron que la sustancia que habían denominado vitamina B constituía en realidad varias sustancias *diferentes* (bautizadas en conjunto como complejo B) a las cuales comenzaron a darles los nombres de vitamina B_1, B_2, B_3, B_4, etcétera. Para aumentar la confusión, muchas vitaminas — especialmente las del complejo B — también tienen nombres propios; por ejemplo, la vitamina B_1 se conoce como tiamina y algunas veces como aneurina, y la B_2 como riboflavina. Las vitaminas más importantes son, sin duda, la A, las del complejo B, la C y la D.

Mucha gente que ha dejado de comer carne, o que la ha disminuido, se preocupa pensando que su dieta no contiene suficientes vitaminas o minerales. Este temor, muy arraigado, ha sido alimentado en gran medida por los periodistas, a quienes les ha faltado investigar bien. La verdad es que no es fácil llegar a la avitaminosis. Por ejemplo, inventarse una dieta que no contenga suficiente vitamina E es casi imposible. Así mismo, es muy difícil carecer de las otras vitaminas. Incluso en tiempos de guerra, los prisioneros de los campos de concentración, en donde la escasez de comida era terrible, con frecuencia mostraban una ingestión de vitaminas más o menos satisfactoria.

Hay vitamina A en la leche, los huevos, la mantequilla, el queso, el hígado y los aceites de pescado. Sin embargo, si uno es vegetariano, puede encontrarla en los vegetales que contienen una sustancia llamada carotina o caroteno.

Adoptar lo verde

La vitamina B se encuentra en una vasta gama de alimentos tanto de origen animal como vegetal. La falta de vitamina B_1 puede acarrear una enfermedad muy desagradable llamada beriberi; pero si la dieta incluye cereales, hay bastante protección contra este riesgo. Incluso la harina refinada tiene vitaminas, que se le agregan para compensar las que ha perdido en el proceso de refinación. El problema vitamínico más conocido en relación con el vegetarianismo tiene que ver con la vitamina B_{12}, que se encuentra especialmente en la carne y en el pescado, y en la leche y sus derivados. Sin suficiente cantidad de esta vitamina, se puede producir una anemia perniciosa, aunque el hígado humano tiene la capacidad de almacenarla por dos o tres años. Sin embargo, se puede obtener suficiente cantidad de vitamina B_{12} si se consume un poco de leche y de sus derivados. Inclusive los *vegan*, que no consumen ningún producto animal, pueden subsanar esa deficiencia si son especialmente cuidadosos con su dieta (véanse las páginas 58 y 59).

Obtener suficiente cantidad de vitamina C no tiene nada de difícil para los vegetarianos, puesto que la mayor parte de las frutas y de las verduras contienen esta vitamina en grandes cantidades. En efecto, los consumidores de carne corren más riesgos de sufrir de escorbuto — la enfermedad típicamente asociada a la insuficiencia de vitamina C — que los vegetarianos. La vitamina D tampoco representa problema. El organismo humano puede fabricar su propia vitamina D con la ayuda de un poco de sol, y hay muy pocos países en el mundo en donde éste sea insuficiente. Los únicos vegetarianos que corren el riesgo de llegar a sufrir de insuficiencia de vitamina D son los de piel oscura, pues este tipo de piel puede ser menos capaz de fabricar esta vitamina en las personas que viven en los países en donde los rayos del sol son débiles. Pero esta necesidad tampoco implica mayores problemas, puesto que la vitamina D está presente en muchos alimentos (por ejemplo, la leche y sus derivados contienen grandes cantidades).

Si uno sigue una dieta balanceada, corre pocos riesgos de llegar a tener una verdadera avitaminosis. Lo mismo sucede

La revolución verde

con los minerales. El mineral por el que los vegetarianos se preocupan más es el hierro; pero las verduras de color verde oscuro, al igual que las arvejas, los fríjoles y las frutas secas, lo tienen. En realidad, los consumidores de carne están más expuestos a sufrir de insuficiencia de hierro que los vegetarianos, puesto que la absorción de este mineral se lleva a cabo con mucha mayor eficacia cuando los alimentos contienen suficiente cantidad de vitamina C.

Si usted sigue los consejos dietéticos de este libro, no estará predispuesto a sufrir de insuficiencia de vitaminas o de minerales. Todos los testimonios disponibles muestran que la gente que corre más riesgos es la que consume demasiados productos procesados y muy refinados, y muy pocos alimentos naturales. Seguir dietas intensivas y consumir comida empacada y enlatados, ofrece muchas más posibilidades de conducir a la desnutrición que adoptar una dieta vegetariana.

Por lo demás, no debe preocuparse en exceso por asegurarse de que los alimentos que consume *diariamente* contengan todos los minerales y vitaminas que usted necesita: el organismo sabe muy bien almacenar pequeñas cantidades de la mayoría de los nutrimentos esenciales. Lo importante es estar seguro de que la dieta está balanceada a largo plazo.

¿Los suplementos de vitaminas y de minerales son útiles?

La respuesta más breve a esta pregunta tiene que ser un enfático "¡No!" Yo creo que el negocio de las vitaminas envuelve uno de los más grandes contrasentidos del mundo. Cada semana, millones de personas que para otras cosas se comportan inteligentemente y están bien informadas, gastan una pequeña fortuna en suplementos de vitaminas y de minerales. El mercado de estas píldoras ha venido creciendo en forma continua desde hace años, y las estanterías de las tiendas de productos dietéticos y de las farmacias suelen crujir bajo su peso. En cuanto una compañía de las que venden esos productos recluta un nuevo cliente, en general puede confiar en que éste le será fiel por el resto de los días. Muchos clientes se vuelven psicológicamente dependientes de esas píldoras: piensan que se sentirán mejor si las toman; y, en realidad, *sí* se sienten mejor. Una vez convencidos de esto, les parece imposible dejar de tomarlas. La manufactura y la venta de suplementos vitamínicos no tiene nada de nuevo, claro está. Ya en 1923 los redactores del *British Medical Journal* estaban tan preocupados por lo que consideraban como un fenómeno nuevo e innecesario, que publicaron un artículo titulado "El contenido vitamínico de algunos preparados patentados", escrito por un equipo que incluía al entonces catedrático de farmacología de la Universidad de Londres. Las conclusiones de los autores fueron éstas:

> Nuestros experimentos confirman lo que otras personas que han trabajado con vitaminas han destacado. Esto es que, en condiciones normales de vida, fácilmente se puede asegurar una adecuada provisión de vitaminas, si se incluyen en la dieta las cantidades apropiadas de alimentos protectores, tales como la leche, la mantequilla, las verduras y las frutas, y que no se consigue ninguna ventaja al tratar de obtener estas sustancias en forma de drogas.

Esto sucedió hace muchos años, pero las compañías que venden vitaminas han seguido promocionando sus productos por medio de toda suerte de argumentos seudocientíficos, con los cuales crean y luego satisfacen una serie de necesidades bastante artificiales. Una de las estrategias de marketing de más éxito fue anunciar que la vitamina C podía usarse para ayudar a combatir los resfriados. Esta idea quedó desacreditada al promediar los años setenta, a causa de una serie de experimentos de gran envergadura que demostraron de manera concluyente que la afirmación carecía de bases científicas. En uno de los artículos de mayor peso probatorio, publicado en el *Journal of the American Medical Association*, se daban detalles de un experimento en el cual a un grupo de reclutas de la armada de los Estados Unidos le suministraban una dosis de dos gramos de vitamina C, con el objeto de evitar que se resfriaran (dos gramos es una dosis enorme). Los investigadores pudieron demostrar que las píldoras no tenían el menor efecto protector.

No obstante, todas las investigaciones realizadas no han conseguido destruir esa reputación de curalotodo que las vitaminas tienen, y aún hay gente que continúa tomando su píldora diaria de vitamina C en la creencia de que así reducirán los riesgos de resfriarse. La verdad, como lo han probado numerosos experimentos científicos, es que ese suplemento de vitamina C sólo puede brindar alguna protección si el organismo carece de esa vitamina (es decir, si la persona sufre de escorbuto) y si hay insuficiencia de ella en los alimentos. Como la vitamina C es soluble en agua y no puede almacenarse en el cuerpo en cantidades apreciables, el excedente que toma la gente cuya alimentación comprenda una gran cantidad de frutas, verduras y otros alimentos ricos en vitamina C es, simplemente, expulsado en la orina.

Como un buen número de empresas probablemente reconoce que la venta de suplementos vitamínicos no puede continuar por siempre, han comenzado a vender también una amplia gama de suplementos minerales. Uno de los que están más de moda y que tienen mayor éxito comercial es el cinc. Miles de ingenuos consumidores están tomando cantidades adicionales de cinc con la esperanza de que su capacidad mental y su vida sexual mejoren. Mucha gente que a duras penas puede costear esos suplementos innecesarios, los compra porque cree que son esenciales para la salud.

Vi una nota en la prensa que afirmaba que el cinc está relacionado prácticamente con todos los aspectos del crecimiento, el desarrollo y el bienestar humanos. En forma muy pintoresca y equivocada, lo calificaba como "la penicilina de la mente", y por lo menos cuarenta males — entre ellos la anorexia, la depresión, el retardo en la maduración sexual y la falta de peso al nacer — se los achacaba a la insuficiencia de ese mineral. Infortunadamente, una somera investigación demostró que estas afirmaciones son demasiado optimistas y potencialmente desorientadoras. Otro artículo de prensa ase-

Adoptar lo verde

gura que "con un adecuado suministro [de cinc], probablemente se reducirá el riesgo de contraer la mayor parte de las enfermedades, desde un fuerte resfriado común hasta las infecciones corrientes"; pero la prensa médica mundial se ha mostrado cautelosa con las pruebas aducidas.

Estas afirmaciones publicitarias, creo yo, sólo se basan en teorías, entusiasmo y anécdotas, todo ello redondeado con algunas deducciones bastante optimistas. Por ejemplo, una de las pruebas que se presentan con frecuencia para corroborar la afirmación de que el cinc sirve en los tratamientos de anorexia, es un informe publicado en *Lancet* en 1984; pero ese informe se refiere sólo a un paciente y fue recibido por los especialistas con cierto escepticismo. Un especialista en anorexia dijo que no había ni el más leve indicio de que el tratamiento hubiera funcionado; incluso un experto en cinc compartió esa duda. Yo tampoco tuve una buena impresión cuando analicé las demás pruebas presentadas para respaldar las virtudes terapéuticas atribuidas al cinc.

Me referiré al germanio como segundo ejemplo. Tengo frente a mí un libro que dice que el germanio puede emplearse en el tratamiento de las siguientes afecciones:

angina	glaucoma
artritis	infarto
asma	herpes
cáncer del seno	presión sanguínea alta
quemaduras	gripe
cáncer del colon	leucemia
cáncer de la próstata	cáncer del pulmón
cataratas	malaria
cáncer del cuello uterino	osteoporosis
callos	cáncer de los ovarios
depresión	enfermedad de Parkinson
desprendimiento de la retina	reumatismo
	esquizofrenia
diabetes	úlceras estomacal y duodenal
eccema	

epilepsia   apoplejía
gastritis   verrugas

A mí todo esto me parece alarmantemente irresponsable. El germanio es un elemento residual que se usaba en la manufactura de transistores para radios. No he podido encontrar una prueba convincente de que los suplementos de germanio sirvan para tratar toda esta larga lista de afecciones. Desde mi punto de vista, una dieta bien balanceada contiene todo el germanio que cualquier persona necesita. Además, creo que los suplementos hacen más mal que bien: he leído un informe en el cual se habla de un hombre que murió de insuficiencia renal después de haber tomado un suplemento de germanio.

Me parece que vale la pena anotar que las ganancias que se obtienen con la venta de estos productos son enormes. El cinc, por ejemplo, es extremadamente barato. Con el sobreprecio que una persona paga por las dosis de un mes, el fabricante de este suplemento podría muy bien comprar suficientes cantidades de cinc para proveer a todos los habitantes de una ciudad pequeña.

La verdad más simple, escueta y anticomercial es que si uno se alimenta en forma sensata, automáticamente su dieta le estará proporcionando cantidades suficientes de vitaminas y minerales; pero si no lo hace, no sólo necesitará dosis adicionales de vitaminas, sino también otras cosas, y en tal caso los suplementos deberá recetarlos el médico, quien ordenará los exámenes de sangre necesarios y luego prescribirá las dosis pertinentes. Tomar dosis adicionales de vitaminas para recuperar la salud o para mantenerse en forma es tan lógico como tratar de echarle mil galones adicionales de gasolina al automóvil con la esperanza de que corra más rápidamente, o intentar agregarle otro millón de voltios al televisor para conseguir una imagen mejor.

Como reflexión final, diré que no conozco a ningún médico que tome suplementos de vitaminas o de minerales. Si tomarlos fuera tan bueno para la salud como dicen, posiblemente los médicos serían los más fieles consumidores de píldoras; pero no lo son ni lo han sido nunca.

Adoptar lo verde

¿La cantidad de minerales y vitaminas que uno toma puede llegar a ser excesiva?

No hay ninguna duda sobre el particular: la respuesta es un inequívoco "¡Sí!" La mayoría de los fabricantes y defensores de los suplementos de vitaminas y minerales se han abstenido de advertirles a sus consumidores que los suplementos pueden ser nocivos; pero como éstos han llegado a ser tan populares, sus peligros han sido objeto de amplia investigación y, en la actualidad, existe una abrumadora cantidad de pruebas en contra de ellos. Un exceso puede causar depresión, ansiedad y toda una serie de enfermedades. Tomar una cantidad excesiva de vitaminas — lo que muchos pueden considerar completamente inocuo — puede llegar a causar la muerte. Algunos médicos, como resultado de sus observaciones, han informado en años recientes que las enfermedades causadas por la exagerada ingestión de vitaminas son ahora más comunes que los desórdenes provocados por las insuficiencias vitamínicas.

La vitamina A tomada en exceso puede producir anorexia, somnolencia, irritabilidad, pérdida del cabello, jaquecas y problemas de la piel. También ablanda los huesos y daña el hígado. El complejo B puede producir una amplia gama de trastornos cuando se toma en exceso (a pesar de que, como la vitamina C, es soluble en agua y el organismo expulsa sus excedentes). Demasiada vitamina B_3 puede causar úlceras estomacales, caída del cabello y daños en el hígado, y la vitamina B_6 tomada en demasía puede producir depresión y lesiones en el sistema nervioso, cuyas secuelas a veces son la torpeza, el entumecimiento y la pérdida del equilibrio. Demasiada vitamina C puede causar afecciones de los riñones — específicamente, cálculos — y alteraciones de los huesos en crecimiento. Además, cuando la persona la ha estado tomando en altas dosis por períodos prolongados y la suspende súbitamente, como reacción puede contraer escorbuto. La vitamina D en altas dosis puede causar lesiones irremediables en los ojos y en los riñones, pues estimula la acumulación de calcio, y también puede producir espasmos, coma, debilidad muscular, jaquecas y presión sanguínea alta. Demasiada vitamina E puede producir una tendencia a sangrar cuando se toma con warfarina (una droga que se prescribe con frecuencia en los tratamientos de varios trastornos circulatorios). También puede disminuir la inmunidad, reducir la función sexual, producir jaquecas y ocasionar trastornos visuales y estomacales. Es posible que el exceso de vitamina K ocasione algún tipo de anemia.

Es realmente trágico ver cómo muchas afecciones causadas por el exceso de vitaminas (para causarse daño no se necesita tomar dosis muy grandes de suplemento) se las trata como si se debieran a una insuficiencia vitamínica. El resultado, desde luego, puede ser un empeoramiento gradual de los síntomas.

Los minerales también originan trastornos. El cinc, por ejemplo, no es tan inocuo como la gente cree. La Organización Mundial de la Salud ha advertido acerca de los peligros que puede acarrear un alto contenido de cinc en el agua potable; se han presentado envenenamientos con comida que ha sido almacenada en recipientes galvanizados, y casos de niños que, por haber chupado juguetes metálicos que contenían cinc, contrajeron un tipo de anemia que no responde al tratamiento con hierro. Incluso algunos indicios permiten relacionar la ingestión de grandes dosis de cinc con la presión sanguínea alta.

Todo lo que uno debe saber acerca de las vitaminas

Vitamina A

¿Qué efectos produce? Aunque la vitamina A se conoce mejor como la que ayuda a ver en la oscuridad, esta reputación es exagerada. Parece que el rumor se originó durante la segunda guerra mundial, cuando se dijo que a los pilotos los estaban alimentando con zanahoria (que es rica en vitamina A) para que pudieran ver mejor durante los vuelos nocturnos. La realidad no es tan espectacular, si bien es cierto que la vitamina A sí ayuda a ver mejor en la penumbra, como también lo es que, por formar parte constitutiva vital del pigmento visual púrpura de la retina, su insuficiencia puede causar ceguera nocturna. La falta de vitamina A es causa conocida de ceguera, por sus efectos en la córnea y en la conjuntiva.

Tal vez el papel más importante que desempeña la vitamina A es el de ayudar a combatir las infecciones, pues, al mantener fuertes las paredes de las células, contribuye a su defensa contra los virus y las bacterias. Por otra parte, algunos investigadores creen que la insuficiencia de vitamina A conduce, en algunas personas, al desarrollo de ciertos tipos de cáncer.

¿Qué alimentos la contienen? La vitamina A se puede obtener de algunos alimentos animales; el hígado, los huevos y la mantequilla son particularmente ricos en ella. Sin embargo, algunos productos animales son tan ricos en vitamina A que pueden llegar a ser tóxicos: el hígado del oso polar (aunque admito que no es un manjar muy popular) contiene una cantidad peligrosamente alta. Los aceites de hígado de pescado y la margarina también contienen buenas cantidades, al igual que la leche y el queso.

Sin embargo, se puede obtener de los alimentos de origen vegetal toda la vitamina A que nuestro organismo requiere. La zanahoria y las verduras de color verde oscuro son fuentes excelentes de vitamina A.

Vitamina B_1 (tiamina o aneurina)

¿Qué efectos produce? La vitamina B_1 ayuda a convertir los carbohidratos de los alimentos en energía. Por tanto, la cantidad que de ella se necesita está relacionada con la ingestión de carbohidratos ¡y con las necesidades de energía! La insuficiencia de vitamina B_1 produce una combinación típica de hormigueo y adormecimiento en las manos y en los pies; cuando es severa, conduce a la enfermedad conocida como beriberi, que afecta al corazón y al sistema nervioso central. El beriberi es común en los países que tienen alto consumo de arroz, en donde le quitan la cascarilla (que contiene vitamina B_1) y lo refinan. El cuerpo humano no puede almacenar vitamina B por períodos largos; de modo que una ingestión bastante regular de esta vitamina resulta esencial.

En los países más desarrollados, la insuficiencia de vitamina B_1 es común entre los alcohólicos y entre las personas de edad avanzada, sobre todo si viven solas y no son capaces de alimentarse apropiadamente. En el caso de los alcohólicos, la insuficiencia de vitamina B_1 puede conducir a una lesión cerebral permanente, mientras que en las personas de edad avanzada produce a veces enfermedades del corazón o trastornos mentales.

¿Qué alimentos la contienen? La vitamina B_1 se encuentra en una amplia variedad de alimentos de origen vegetal, pero la mayoría de la gente obtiene de los cereales una gran parte de la vitamina que requiere. Como sucede con el arroz, casi toda la vitamina se va con la cascarilla durante el proceso de la molienda, hasta el punto de que teóricamente la harina blanca debería ser insuficiente en vitamina B_1, si no fuera porque afortunadamente en muchos países las leyes obligan a enriquecerla con un suplemento de dicha vitamina. Otros alimentos que la contienen son las nueces, los fríjoles, los huevos y las legumbres (como las arvejas y los fríjoles). También algunos tipos de carnes — especialmente la de cerdo, el jamón, el tocino, el hígado y los riñones — contienen vitamina B_1.

Vitamina B_2 (riboflavina)

¿Qué efectos produce? Como la tiamina (y como el ácido nicotínico o vitamina B_3), la riboflavina ayuda a convertir los carbohidratos en energía. No es muy común que haya insuficiencia de vitamina B_2, pero puede ocurrir cuando se presenta una baja generalizada de otras vitaminas del complejo B. Algunos síntomas frecuentes de esta anomalía son: lengua adolorida y descolorida, y labios adoloridos y partidos.

¿Qué alimentos la contienen? La vitamina B_2 se encuentra en algunas hortalizas verdes y en cierta clase de carnes, especialmente en el hígado. Los huevos, la leche y sus derivados como el queso, son una fuente rica en esta vitamina. Sin embargo, es bueno recordar que, puesto que la vitamina B_2 es sensible a la luz, si la leche se deja al sol, su contenido de vitamina B_2 se destruye.

Vitamina B_3 (ácido nicotínico o niacina)

¿Qué efectos produce? La vitamina B_3 tiene un buen número de funciones. Las personas cuya dieta contiene esta vitamina en muy poca cantidad son propensas a contraer una enfermedad llamada pelagra, que afecta al cerebro, al tubo digestivo y a la piel.

¿Qué alimentos la contienen? La vitamina B_3 se encuentra en una gran variedad de alimentos de origen vegetal o animal, aunque nunca en grandes cantidades. Las fuentes más ricas son los cereales integrales (esta vitamina desaparece de la harina durante el proceso de la refinación, pero se la agregan de nuevo antes que la harina blanca salga al mercado). El pescado y algunos tipos de carne (especialmente el hígado) también la contienen, en pequeñas cantidades.

Vitamina B_6 (piridoxina)

¿Qué efectos produce? Aunque la vitamina B_6 desempeña un papel vital en el proceso por el cual las enzimas metabolizan los aminoácidos y las proteínas, y a pesar de que algunas drogas, como los anticonceptivos orales, aumentan las necesidades de esta vitamina, no se sabe de enfermedades originadas en la insuficiencia de vitamina B_6 entre la población adulta.

¿Qué alimentos la contienen? Aunque ningún alimento contiene gran cantidad de vitamina B_6, muchos la poseen en cantidades reducidas — y los requerimientos del organismo en ese aspecto son modestos. Los cereales, las frutas y las verduras — y algunas carnes, especialmente el hígado — contienen vitamina B_6. A veces se prescriben dosis masivas de vitamina B_6 para aliviar los síntomas premenstruales pero, a pesar de que existen muchos testimonios anecdóticos en favor de esta práctica, son poco fehacientes. Es importante recordar que la vitamina B_6 tomada en grandes cantidades puede causar depresión y daños en el sistema nervioso.

Vitamina B_{12} (cianocobalamina)

¿Qué efectos produce? La vitamina B_{12}, al igual que otro micronutrimento llamado ácido fólico, es vital para la formación de los glóbulos rojos de la sangre. El déficit de esta vitamina puede conducir a la anemia perniciosa, en la cual el tamaño de los glóbulos rojos crece, pero su número disminuye. La vitamina B_{12} desempeña un papel en el funcionamiento del sistema nervioso central, y disminuirla durante un período largo puede acarrear un daño permanente en el cerebro y en la médula espinal.

La vitamina B_{12} tiene la característica excepcional de que, para que el organismo pueda absorberla, debe encontrarse ligada a una sustancia denominada *factor intrínseco*, que se forma en el estómago. Algunas veces, los pacientes operados del estómago pueden quedar imposibilitados para producir el factor intrínseco.

A muchas personas que han dejado de comer carne las inquieta la posibilidad de llegar a carecer de vitamina B_{12}, porque, como es ampliamente conocido, las fuentes más ricas de esta vitamina son los productos de origen animal. Aunque algunas autoridades en la materia proclaman todavía que los vegetarianos deben tomar suplementos de vitamina B_{12}, esto no es necesario, por razones que se explican más adelante.

¿Qué alimentos la contienen? El hígado es la fuente más común de vitamina B_{12}, pero la leche y sus derivados, y también los huevos, contienen cantidades suficientes de ella. Los *vegan* pueden obtenerla de las algas marinas comestibles, de la leche de soya y de la gran variedad de productos enriquecidos que se consiguen en el mercado, entre los cuales se cuentan los extractos de levadura, los cereales, las margarinas y las proteínas vegetales sintéticas. Sin embargo, como la vitamina B_{12} empleada para enriquecer esos alimentos muy probablemente es de origen animal, algunos *vegan* se ven obligados a quebrantar sus propias reglas, para sobrevivir.

Como el ácido fólico se encuentra en las verduras en cantidades más que suficientes, ni siquiera los *vegan* corren el riesgo de sufrir insuficiencia de ácido fólico, a menos que su dieta esté muy mal balanceada.

Vitamina C (ácido ascórbico)

¿Qué efectos produce? La vitamina C cumple una gran variedad de tareas. Al igual que las vitaminas del complejo B, también es soluble en agua, y, por tanto, no se almacena en el cuerpo; de manera que hay que ingerirla regularmente. Una de sus funciones primordiales es la de ayudar a formar los tejidos conjuntivos (el material envolvente que sostiene y protege el resto del cuerpo). La piel contiene una cantidad considerable de tejido conjuntivo, y una disminución de la vitamina C se traduce en moretones y sangraduras. Esta enfermedad, conocida como escorbuto, se tipifica por la sangradura de las encías y por el tiempo desmedido que las heridas y las escoriaciones tardan en sanar. El escorbuto todavía se presenta con frecuencia, especialmente entre las personas de edad avanzada y entre las que son grandes consumidoras de carne y que no comen muchas verduras ni frutas.

La vitamina C también ayuda a combatir las infecciones (aunque, como ya lo expliqué, tomar dosis adicionales de ella no lo hace a uno más saludable). Por otra parte, ayuda a la absorción del hierro (en efecto, acrecienta en un factor de cinco la facilidad con la cual se absorbe este elemento, y, por esta misma razón los consumidores de carne son, a veces, irónicamente, más propensos que los vegetarianos a contraer anemia por insuficiencia de hierro). Finalmente, es importante hacer notar que las mujeres necesitan un poco más de vitamina C que los hombres, que los fumadores necesitan mucho más de ella que los no fumadores, y que los enfermos y los convalecientes requieren también buenas cantidades de esta vitamina.

La revolución verde

¿Qué alimentos la contienen? En 1535 Jacques Cartier zarpó de Saint-Malo (Francia) con una tripulación de ciento diez personas, con el propósito de explorar la costa de Terranova. Al cabo de seis semanas cien de sus hombres habían enfermado de escorbuto, causado por la falta de vitamina C en su alimentación. Afortunadamente para su gente y para su expedición, Cartier se enteró por boca de un indígena que esta afección podía curarse tomando jugo de frutas de los árboles de la región. La tripulación se recobró en cuestión de días. Algunos sensatos capitanes de mar siguieron rápidamente el ejemplo de Cartier. Para asegurarse de la buena salud de sus hombres durante los viajes largos, dispusieron que cada uno contara con una provisión regular de jugo de naranja o de limón. En un libro titulado *El compañero del médico*, publicado en 1636, John Woodall recomendaba estos jugos para la prevención del escorbuto.

Extraña e inexplicablemente, los capitanes abandonaron después la costumbre de suministrar a sus hombres frutas cítricas, y el escorbuto comenzó de nuevo a diezmar a las tripulaciones que realizaban largos viajes. Cuando la flota del almirante Anson llevó a cabo su viaje alrededor del mundo, entre los años 1740 y 1744, tres cuartas partes de sus hombres murieron de esta enfermedad. Hasta 1747 no se volvió a introducir la costumbre de prevenir el escorbuto repartiendo jugo de naranja o de limón entre los marineros. El hombre que propuso esto fue el doctor James Lind, quien en relación con este tema realizó lo que tal vez fue el primer experimento clínico propiamente dicho. Gracias a ese experimento, Cook pudo navegar alrededor del mundo entre los años 1769 y 1771 sin un solo caso de escorbuto. Es sorprendente, sin embargo, que hasta 1795 el jugo de limón no se convirtiera en parte obligatoria de la dieta del marino. Para asegurarse de que los marineros lo tomaran, se lo agregaban a su ración de *grog*.*
Cuando en años posteriores la lima reemplazó al limón, los

**Grog: Mezcla de aguardiente o ron con agua azucarada. *(N. del E.)*

estadounidenses, destacando este hecho, dieron a los marineros británicos el apodo de *limey*.

Hoy en día es ampliamente reconocido que las frutas frescas de casi todas las clases (especialmente los cítricos) y las verduras frescas contienen buenas cantidades de vitamina C. Asombrosamente, sin embargo, la papa se ha convertido en una de las fuentes más importantes de vitamina C, sencillamente porque en la mayoría de los países del mundo occidental este alimento es una parte importante de la comida corriente. La papa fresca contiene más vitamina C que la vieja; y cocinar demasiado las verduras destruye esta vitamina. También es bueno recordar que, como la vitamina C es soluble en agua, dejar las verduras remojándose por mucho tiempo puede causar la desaparición de ella. Las papas fritas, dicho sea de paso, conservan su vitamina C porque la grasa la "encierra" en su interior.

Vitamina D (colecalciferol)

¿Qué efectos produce? La vitamina D se necesita para absorber y usar el calcio y el fósforo de manera apropiada en la producción de huesos y dientes fuertes. Su carencia produce raquitismo en los niños. Las características de quienes padecen esta enfermedad son las piernas arqueadas y las rodillas y muñecas hinchadas, a causa de los trastornos en la formación del tejido óseo nuevo en los extremos de los huesos en crecimiento. En los adultos, la insuficiencia de vitamina D produce osteomalacia, que es el debilitamiento de los huesos y su predisposición a las fracturas.

¿Qué alimentos la contienen? Lo mismo que las vitaminas A y E, la vitamina D se encuentra en cantidades considerables en los productos animales, porque tanto ésta como aquéllas pueden almacenarse. Relativamente pocos alimentos tienen un alto contenido de vitamina D, pero los que la contienen corresponden a muy diferentes tipos de pescado (especialmente al arenque, la caballa y varias clases de sardinas enlatadas), los huevos y los derivados de la leche, como la mantequilla, el queso y la crema. El aceite de hígado de bacalao tiene vitamina D, y también a menudo se la agregan a la margarina.

Hasta cierto punto todo esto resulta innecesario, puesto que casi todas las personas pueden elaborar toda la vitamina D que requieren, gracias a la acción del sol sobre la piel. Incluso en los países poco soleados, la mayor parte de las personas reciben luz suficiente como para producir las cantidades de vitamina D que necesitan.

Vitamina E (tocoferol alfa)

¿Qué efectos produce? A pesar de las exageraciones que se dicen acerca de la insuficiencia de vitamina E, prácticamente no se conocen desórdenes resultantes de ella. El único quizá sea un tipo de anemia presente en algunos bebés prematuros. Algunas personas pretenden que tomar suplementos de vitamina E puede servir para acrecentar las posibilidades sexuales, mentales o atléticas; pero estas estrafalarias aseveraciones carecen de fundamento. Esta vitamina tiene la fama, bastante extendida, de ser la vitamina de la actividad sexual, pero esto se basa en algunos experimentos realizados en ratas hace muchos decenios, e incluso entonces esos experimentos simplemente mostraron que la insuficiencia de esta vitamina en las ratas podía conducir a la esterilidad; sin embargo, como esta insuficiencia es virtualmente desconocida en los seres humanos (una persona moriría si llegase a carecer de dicha vitamina) y como los resultados de los experimentos con animales no pueden aplicarse a las personas, es dudoso que esa temprana investigación tenga en la actualidad alguna significación.

¿Qué alimentos la contienen? Una dieta vegetariana es especialmente rica en vitamina E, pues ésta se encuentra en los aceites vegetales y en las hortalizas de hoja verde. Los huevos también contienen un poco de ella. Si uno sigue una dieta bien balanceada, puede estar casi seguro de que está consumiendo toda la vitamina E que su organismo necesita.

Vitamina K (naftoquinonas)

¿Qué efectos produce? La vitamina K desempeña un papel vital en los mecanismos de coagulación de la sangre. Los niños de pecho y los párvulos pueden tener insuficiencia de ella, pero es muy raro que ello ocurra en los adultos.

¿Qué alimentos la contienen? Según parece, el organismo humano puede fabricar su propia vitamina K. Todas las verduras frescas, de hojas, como el bróculi, el repollo, la lechuga y las espinacas, la contienen. El único tipo de carne en donde se encuentra en cantidades apreciables es en el hígado.

Todo lo que uno debe saber acerca de los minerales

Ya antes hablé de lo innecesario que es tomar suplementos minerales, y de cómo el consumidor, engañado por las desorientadoras afirmaciones de los fabricantes, se ve inducido a gastar en suplementos el dinero que ha ganado con esfuerzo. La verdad sobre los minerales es mucho más simple, mucho menos espectacular y mucho menos alarmante.

El cuerpo, desde luego, *sí necesita* minerales: ellos desempeñan una amplia variedad de funciones vitales. El hierro, por ejemplo, es esencial para la formación de los glóbulos rojos; sin él, el organismo formaría muy pocos glóbulos rojos, y los tejidos no recibirían suficiente oxígeno (los glóbulos rojos transportan a través del sistema circulatorio el oxígeno que el organismo necesita para producir energía). El calcio ayuda a formar la estructura de los huesos y de los dientes. El cinc es esencial para el debido funcionamiento de algunas enzimas.

En todo caso, el organismo puede obtener de una buena dieta, regular y bien balanceada, todos los minerales que necesita. Si uno necesita más minerales por alguna razón, entonces *debe* acudir al médico para que él dictamine el suplemento y las dosis apropiadas.

A pesar de lo que proclamen algunos "expertos", los vegetarianos no tienen ninguna necesidad de tomar suplementos minerales. Por ejemplo, las hortalizas de color verde oscuro

Vitaminas y minerales

Para que usted esté seguro de que obtiene las cantidades necesarias:
- Siga una dieta variada que incluya frutas frescas, verduras, arvejas y granos, productos integrales, al igual que la leche y sus derivados.
- Coma nueces y semillas, pues contienen varias vitaminas y minerales y pueden ser una buena merienda.
- Deshágase de sus ollas de aluminio (el aluminio es un veneno potencial que puede causar daños cerebrales) y use ollas de hierro, las cuales pueden aportar cantidades apropiadas de este mineral a los alimentos que se preparen en ellas.
- Coma frutas y verduras con su cáscara, siempre que pueda. Si las pela, no deje que con la cáscara se vaya parte de la pulpa, pues muchas vitaminas están depositadas precisamente debajo de la cáscara.
- Prepare las verduras al vapor, o revolviéndolas mientras las fríe, o en el horno microondas, en vez de hervirlas. Esto ayuda a preservar las vitaminas solubles en agua (las del complejo B y la vitamina C).
- Use tan poca agua como le sea posible cuando tenga que hervir las verduras.
- Cueza las verduras en el menor tiempo posible.
- Prepare los alimentos con rapidez y trate de no dejarlos al calor o de recalentarlos, pues esto puede destruir las vitaminas.
- Mantenga la leche lejos de la luz. La luz del día destruye algunas de las vitaminas del complejo B.
- Recuerde que la leche descremada o semidescremada y los quesos bajos de grasa contienen tanto calcio y vitamina B como la leche y el queso completos, pero menos vitaminas A y D (porque estas vitaminas son solubles en grasa).
- Dese cuenta de que esas extrañas dietas que hoy en día existen para adelgazar pueden ser peligrosamente insuficientes en las vitaminas y los minerales indispensables. La dieta que propone este libro le asegura una ingestión apropiada de estos elementos.
- Coma alimentos crudos cada vez que pueda, pues en esta forma las vitaminas se conservan mejor.
- Si sospecha que puede estar sufriendo de insuficiencia de vitaminas o de minerales, pídale consejo a su médico; nunca tome suplementos vitamínicos o de minerales sin consejo profesional.

(como varias clases de col y las espinacas), las arvejas, los fríjoles y las frutas secas contienen hierro. La gran cantidad de vitamina C que contiene una dieta vegetariana garantiza la absorción inmediata del hierro disponible. El calcio también está presente en las hortalizas de color verde oscuro, en los fríjoles y en la leche y sus derivados. Yo soy vegetariano y estoy muy consciente de las necesidades del organismo en cuanto a minerales, pero nunca tomo suplementos.

El agua

Tal vez el agua no se considere un "alimento", pero no hay ninguna duda de que es un elemento igualmente valioso. Si no tenemos alimentos qué comer ni agua para beber, la carencia de líquido puede producirnos la muerte con mucha más rapidez que la falta de comida.

La necesidad de agua varía de acuerdo con la temperatura exterior (cuando el clima es cálido, el cuerpo pierde espontáneamente agua en forma de sudor, a fin de mantener baja la temperatura interna), pero aunque la temperatura externa sea baja, perdemos cierta cantidad de agua en la orina, en las materias fecales y por evaporación a través de la piel. Por otra parte, la ingestión de agua como fluido se complementa con la que está presente en los alimentos que uno come (algunas verduras y frutas son, en un 90 por ciento, agua) y con la que se genera en el metabolismo de los carbohidratos, de las proteínas y de las grasas. En promedio, una persona de talla mediana que viva en un clima templado necesita por lo menos un litro de agua diariamente para mantener sanos los riñones y satisfacer las necesidades del organismo.

El problema actual es encontrar agua que verdaderamente se pueda tomar. Mucha gente da por sentado que el agua potable es fresca y pura. Le damos vuelta al grifo y sacamos el contenido de una taza de café, con la convicción de que el agua que estamos recogiendo ha sido cuidadosamente purificada, y de que todos los contaminantes han sido retirados; pero la terrible realidad es que el agua que sale cuando uno abre la llave contiene tal cantidad de productos químicos que posiblemente no sea bebible. Hay varias razones para pensar esto:

La contaminación

En primer lugar, es un hecho innegable que muchos sistemas de extracción y de suministro de agua son arcaicos. Gran parte de la tubería fue colocada durante el siglo pasado, y en la actualidad todavía a miles de personas les llega el agua por tubería de plomo. Como todo aquél que trabaje en la industria del agua podrá confirmar de inmediato, el agua que pasa por tubería de plomo tiene la peligrosa tendencia a llevarse consigo buena parte de este mineral, antes de desembocar en la llave. La presencia de plomo en el agua potable causa muchos trastornos graves, incluso daños en el cerebro y en el sistema nervioso.

En segundo lugar, gran parte del agua potable está contaminada con nitratos. Este problema ha sido creado por los granjeros que usan considerables cantidades de fertilizantes artificiales. Los nitratos de los fertilizantes los absorbe el suelo y, con el tiempo, pueden abrirse camino hasta las fuentes del agua. Hasta el día de hoy no se conoce exactamente qué daños producen los nitratos en el cuerpo humano, pero hay indicios crecientes que los relacionan con el incremento del cáncer del estómago y de los problemas circulatorios en los bebés.

La "purificación"

El segundo problema es que, con la intención de hacer del agua una bebida sana, los encargados usan a menudo productos químicos para desinfectar, esterilizar, purificar o limpiar su producto. Dos de las sustancias más ampliamente usadas son el cloro y el sulfato de aluminio. Quienes usan tales sustancias químicas aseguran invariablemente que son seguras y que el sistema que emplean está perfectamente probado. Por desgracia, sus afirmaciones no son convincentes.

En todo el mundo, muchos organismos del Estado que tienen competencia en materia de agua ya han comenzado a disminuir la cantidad de cloro que usan, a causa de los posibles peligros que éste genera. Los científicos sospechan ahora que una de las sustancias que pueden producirse cuando el cloro entra en contacto con los ácidos naturales de los terrenos turbíferos, tal vez explica hasta cierto punto el reciente incremento de casos de cáncer intestinal.

El sulfato de aluminio también se ha convertido en motivo de gran preocupación. El aluminio se usa, en parte, para ayudar a eliminar los ácidos que de otra manera podrían interactuar con el cloro para crear sustancias químicas cancerígenas, y, en parte, para retirar la suciedad que la turba deja en las aguas. No obstante, en muchas partes el agua tiene niveles de aluminio que exceden los límites aceptables. Lo que realmente preocupa es que existen indicios que relacionan el consumo de aguas ricas en aluminio con el incremento de la senilidad precoz y, en particular, con la aparición de la enfermedad de Alzheimer. Esta preocupación no es muy reciente. La relación fue establecida aproximadamente en 1980, y como la enfermedad de Alzheimer causa trastornos mentales que no pueden distinguirse del tipo de decadencia mental asociada con la vejez, es muy difícil entender cómo o por qué el peligro fue pasado por alto durante tanto tiempo. En cuanto a la afirmación de que las cantidades de sustancias químicas empleadas son modestas y de que los sistemas de aplicación están ampliamente probados, debo decir que tal aseveración debe mirarse con cierta reserva. Todos sabemos de numerosos incidentes de diverso tipo causados por el derramamiento, en forma accidental, de cantidades peligrosamente grandes de sustancias químicas en las fuentes de agua potable.

Los aditivos

Mi siguiente preocupación es que, además de los productos químicos que caen en el agua por error, y de las sustancias que se le agregan con la intención de hacer del agua una bebida más segura, las directivas de muchas empresas de acueducto están ahora facultadas para añadirle por lo menos un producto químico con el fin de mantener "sana" a la población.

La sustancia que con más frecuencia se agrega a los depósitos de agua potable es el fluoruro, con la esperanza de que éste ayude a reducir la frecuencia de caries en los niños. La primera vez que se estableció una relación entre el fluoruro y la caries fue a fines del siglo xix. En los decenios siguientes, los científicos lograron demostrar que el fluoruro protegía los dientes al hacer que el esmalte — la cubierta exterior del diente — fuese más dura y más resistente a la caries. Las pruebas realizadas con amplios grupos de personas en los Estados Unidos demostraron en forma bastante concluyente que la caries atacaba menos en las regiones donde las reservas de agua potable contenían fluoruro en forma natural.

No había pasado mucho tiempo cuando ya los científicos y los políticos habían comenzado a sugerir que agregando fluoruro a las reservas de agua de las regiones del mundo en donde los contenidos naturales de esta sustancia eran bajos, podría mejorarse la salud dental de la población. La fluorización del agua comenzó en los Estados Unidos en 1945, y hoy en día la adopción de tal medida se está extendiendo por todo el mundo.

El mayor apoyo a esta medida lo han brindado los políticos (a quienes les gusta la idea de disminuir los costos de la protección de la salud por medio de un procedimiento tan simple y barato) más que los médicos o los dentistas. Y a pesar de que es perfectamente cierto que el fluoruro ayuda a proteger la dentadura, quienes se oponen a la fluorización obligatoria de las reservas de agua han logrado reunir en su apoyo un buen número de argumentos convincentes.

Para comenzar, no hay necesidad de agregarle fluoruro al agua para proteger los dientes. Puede alcanzarse el mismo efecto si se convence a las personas de que se enjuaguen la boca con fluoruro, usen tabletas de fluoruro o, lo más práctico de todo, utilicen dentífricos fluorizados. Y como ahora casi todos los dentífricos contienen fluoruro, no hay duda de que una gran mayoría de la población recibe las cantidades necesarias, con el solo hecho de cepillarse los dientes.

En segundo lugar, agregar fluoruro a los depósitos de agua

potable es una cuestión potencialmente peligrosa. Es necesario calcular las cantidades en forma muy precisa: para obtener el mejor efecto, se requiere algo así como una parte por millón. Apenas el doble de esta cantidad puede producir manchas en los dientes; cuarenta veces esta cantidad puede causar una dolencia ósea bastante grave, y, si los niveles suben un poco más, pueden presentarse riesgos de cáncer. (En realidad, nadie sabe qué puede suceder si los niveles suben.)

Las personas encargadas de agregarle fluoruro al agua potable sostienen que sus sistemas son completamente seguros, pero hoy en día muchos hechos indican que no existen tales sistemas "completamente seguros". Mucha gente ya ha sido envenenada por sobredosis accidentales de algún producto químico. Por otra parte, vale la pena destacar que en 1986 la Organización Mundial de la Salud publicó un informe en el cual expresaba su preocupación por la frecuencia de las afecciones dentales causadas por el exceso de fluoruro en los depósitos públicos de agua potable. Extraer el exceso de fluoruro del agua potable es extremadamente difícil.

En tercer lugar, las reservas de agua potable contienen de por sí una gran cantidad de sustancias químicas — los nitratos, el cloro y el sulfato de aluminio son solamente tres de los ingredientes del cóctel que sale del grifo — y, si se agrega fluoruro a esta mezcla, el peligro de que se formen nuevos componentes crece considerablemente. Siempre que se encuentren juntos varios productos químicos en solución, habrá reacciones químicas. Nadie sabe realmente qué pueden producir todos esos ingredientes al mezclarse.

El cuarto argumento en contra de la fluorización masiva se basa en que un número creciente de personas se han mostrado alérgicas a las sustancias químicas que se le agregan al agua, especialmente al fluoruro. Ya se han publicado algunos artículos científicos referentes al tema; en algunas regiones los problemas son tan graves, que se ha llegado a plantear que los pacientes alérgicos al agua del grifo utilicen, por prescripción médica, agua destilada.

El último argumento en contra de la fluorización se refiere

a que algunos científicos y políticos, habiendo "ganado", por lo visto la batalla en favor de esta práctica, ya están aconsejando que se agreguen otros productos químicos a las reservas de agua potable. En este sentido, ya se ha hablado de añadirle, por ejemplo, antibióticos (para reducir el riesgo de infección, y, por tanto, disminuir aún más los costos de la atención sanitaria), o tranquilizantes (para calmar a la gente y permitir así a los políticos dirigir los países sin tantas protestas), o anticonceptivos (para reducir las tasas de natalidad).

El ciclo de contaminación causado por los medicamentos

Mi preocupación personal por la calidad de las reservas de agua es tan seria como la que me causan los medicamentos. Ya está generalmente aceptado, creo yo, que el número de personas que toman medicamentos ha aumentado constantemente a lo largo de los últimos años. En la actualidad, millones de personas toman drogas tan potentes y variadas como son las píldoras para dormir, los esteroides para el asma y para la artritis, los analgésicos y los anticonceptivos.

En cuanto un medicamento entra en el cuerpo, es descompuesto (metabolizado) antes de ser expulsado. Muchas drogas se expelen por la orina. Curiosamente, algunas de las drogas que los médicos formulan con más frecuencia salen del cuerpo casi con las mismas características con las que entraron. Por ejemplo, el 75 por ciento de una dosis de diacepam (uno de los tranquilizantes de mayor consumo) sale en la orina convertida en otra versión de la misma droga. La tercera parte de una dosis de ampicilina (un antibiótico ampliamente formulado) se expele en la orina al cabo de seis horas de haber sido ingerida en forma de píldora o de cápsula. Y lo que es verdad para esas drogas, también lo es para otros miles de ellas.

Cuando los desperdicios domésticos — líquidos y sólidos — salen de las residencias, van al alcantarillado y de allí a las plantas de tratamiento de aguas negras, en donde pasan por un proceso de "purificación". Este proceso se lleva a cabo

Adoptar lo verde

mediante procedimientos técnicos estandarizados — muchos de los cuales fueron inventados en el siglo XIX — que tienen por objeto eliminar las bacterias y otros contaminantes obvios, antes que la corriente de agua, "pura" en apariencia, sea devuelta a la circulación.

El mayor problema consiste, sin embargo, en que a pesar de que los materiales de desecho obvios se retiran de las reservas de agua, los científicos todavía no han elaborado un sistema que permita eliminar de las aguas negras las drogas y las hormonas. Así pues, cuando los desperdicios domésticos supuestamente purificados se vierten a los ríos, todavía contienen residuos de drogas: de tranquilizantes, antibióticos, píldoras para la presión arterial, antidepresivos, píldoras para dormir, píldoras para el corazón, anticonceptivos, etc. También contienen residuos de otras sustancias químicas; por ejemplo, las que se utilizan para fabricar cosméticos, productos de tocador y algunos de los productos que se usan en la cocina o en el jardín.

Lo que sucede luego verdaderamente me preocupa. Las empresas de acueducto toman el agua de los ríos, la purifican otra vez y, luego, la reutilizan como agua potable corriente. Esto significa que cuando uno abre el grifo de la cocina y llena las ollas, está recogiendo agua que contiene Valium de segunda mano, drogas cardíacas de segunda mano, píldoras anticonceptivas de segunda mano, y así sucesivamente. A la vez, cuando usa el retrete, está expulsando en la orina esas mismas drogas, que luego circularán de nuevo por el sistema. Y cada vez que, en cualquier otro punto del ciclo, otro ser humano tome otra tableta, todo el problema se empeorará.

El agua que tomamos se ha vuelto, creo yo, tan contaminada con drogas de segunda mano, que cualquiera que tome agua de un río al cual desemboque un alcantarillado estará absorbiendo realmente pequeñas cantidades de una amplia variedad de medicamentos. He leído toda clase de artículos científicos y hablado con numerosas personas acerca de ese problema, pero nadie sabe a ciencia cierta qué tan grave se ha vuelto a estas alturas. Extrañamente, se han realizado muy pocas investigaciones para determinar siquiera cuánto tiempo permanecen esos residuos químicos en el agua. Lo poco que se ha hecho sólo confirma mis sospechas de que allí hay un verdadero problema por el cual preocuparse.

> ### El agua
>
> Cosas que uno puede hacer para reducir los riesgos de envenenamiento:
> - Si tiene un bebé, amamántelo por tanto tiempo como pueda.
> - Si experimenta síntomas raros e inexplicables, puede ser que el agua que toma le esté causando daño (es muy probable que así sea, especialmente si ha tenido quebrantos de salud poco comunes después de haberse mudado de casa).
> - Si sospecha que algo anormal ocurre con el agua del grifo, pruebe a tomar agua embotellada para ver si los síntomas desaparecen.
> - El agua lluvia recogida en tanques abiertos puede contaminarse con microorganismos y con ácidos provenientes de la polución atmosférica; pero los microorganismos pueden eliminarse hirviendo el agua, y los ácidos de la contaminación son, según mi punto de vista, probablemente menos peligrosos que los del agua del grifo (por lo menos usted puede estar bastante seguro de que nadie le habrá agregado a su tanque una tonelada de sulfato de aluminio, por equivocación).
> - Haga examinar el agua potable para detectar contaminantes, pero recuerde que incluso los exámenes modernos no siempre detectan todos las sustancias químicas contaminantes.
> - Haga oír su voz; proteste ante sus representantes políticos por la mala calidad de las reservas de agua potable; las cosas sólo cambian cuando protestamos.

Por ejemplo, cuando los científicos examinaron el agua de los ríos encontraron cantidades detectables de progestógeno (uno de los ingredientes de las píldoras anticonceptivas). Investigaciones llevadas a cabo en Alemania mostraron que las cantidades de estrógeno (otro ingrediente de las píldoras anticonceptivas) parecen estar aumentando en los depósitos

Adoptar lo verde

de agua superficiales. Este es un problema de todos los países. ¿Podría darse el caso de que la población masculina estuviera feminizándose lenta pero seguramente por tomar agua que contiene hormonas femeninas? ¿La población masculina estaría invariablemente volviéndose femenina? ¿Qué efectos tendrán todos esos residuos hormonales en las mujeres encintas y en los fetos? ¿Estarán sometiendo a todo el mundo a los efectos de ineludibles dosis de tranquilizantes y de somníferos de segunda mano?

Esto puede sonar a ciencia ficción, pero no lo es. Muchos hombres de ciencia están preocupados por estos peligros, y han iniciado estudios dirigidos a mostrar con precisión qué está pasando. El gran obstáculo es que no tienen posibilidades de obtener algún resultado hasta por lo menos otra generación; y para entonces ya será demasiado tarde.

2
Bueno para la salud

Los peligros de la carne

Tendemos a pensar que la carne forma parte esencial de una alimentación saludable... al menos para los que pueden costeársela. Como los habitantes del mundo occidental se han vuelto, en forma constante, cada vez más prósperos, y como sus expectativas han crecido, su consumo de carne ha aumentado. Durante el último siglo la ingestión de carne — y de productos cárnicos — se ha incrementado veinte veces. Familias que hace un siglo hubieran considerado la carne como un lujo de "una vez a la semana", hoy en día la miran como algo esencial en la vida diaria.

Con el objeto de responder a esta demanda creciente, los granjeros han tenido que cambiar sus formas de trabajo y, como resultado, la naturaleza misma de la carne que comemos ha cambiado radicalmente. Por ejemplo, mientras que el contenido de grasa de un jabalí libre es de un modesto 1 a 2 por ciento, el de un cerdo alimentado especialmente para el negocio de la carne es de 40 a 50 por ciento.

La gran mayoría de los expertos en alimentación independientes (los que no han sido absorbidos por las grandes compañías o por las organizaciones gremiales) ahora están convencidos de que la mayoría de la gente come carne en exceso. En este capítulo intentaré demostrar por qué las personas debieran comer menos carne. Antes se pensaba que la carne era excelente para los que querían adelgazar, puesto que tenía muchas proteínas y pocos carbohidratos. Esta suposición ha resultado errada. La carne — especialmente la carne de hoy en día — es rica en grasas, lo que puede arruinar cualquier intento de adelgazar. Pero todavía hay algo más.

Los riesgos de la salud

Se sabe que la gente que sigue una dieta demasiado rica en carne es particularmente propensa a sufrir de una amplia gama de trastornos. Entre ellos, dos muy importantes son las enfermedades del corazón y el cáncer.

El primer indicio de que existía una relación entre el consumo de carne y las dolencias del corazón apareció poco después de la segunda guerra mundial. Cuando Noruega fue ocupada por los nazis, la carne y los productos de origen animal escasearon, especialmente para los noruegos. En consecuencia, casi todos ellos estuvieron sometidos a una dieta que constaba, en su mayor parte, de cereales, pescado y verduras. Como resultado, el número de muertes por enfermedades del corazón descendió en 21 por ciento durante ese período. Cuando, terminada la guerra, la gente volvió a comer carne, la muerte por enfermedad cardíaca regresó a sus niveles de la preguerra.

Desde entonces, muchos investigadores han establecido una relación entre el alto consumo de carne y la mayor frecuencia de enfermedades del corazón. En Nueva Zelanda, en donde el consumo de carne y de productos lácteos es uno de los mayores del mundo, la frecuencia de enfermedades coronarias es también una de las más altas del mundo. Además, hay un número considerable de obesos en ese país.

Existen varias teorías acerca de la relación entre el consumo de carne y el cáncer. Una posibilidad es que en estos tiempos la carne contiene un buen número de cancerígenos. Una de las más inquietantes investigaciones llevadas a cabo hace algunos años estableció que, si uno de los animales sacrificados en un matadero tenía cáncer, era bastante posible que quien comiera de la carne de ese animal contrajera ese cáncer. Se mostró en un experimento cómo, si a unos chimpancés se los alimentaba desde su nacimiento con leche proveniente de una vaca con leucemia, la mayoría de ellos morían durante su primer año... de leucemia. Soy contrario a todo tipo de experimentos en animales, pero, puesto que éste ya fue llevado a cabo (y los animales ya se murieron) sería una tontería desconocer los resultados. Como el principio de contaminación con cáncer de una especie a otra ha quedado establecido ahora, todos los consumidores de carne deben considerar ese hábito alimentario como algo extremadamente peligroso.

Es imposible hacer una lista completa de todas las enfermedades conocidas que están relacionadas con el consumo de carne, pero una enumeración preliminar tendría que incluir los siguientes trastornos:

anemia	cáncer del seno
angina y enfermedades del corazón	cáncer del colon
	cáncer de la próstata
apendicitis	presión sanguínea alta
estreñimiento	indigestión
diabetes	obesidad
cálculos biliares	accidentes cerebrales
gota	várices
hemorroides	

Muchas de estas enfermedades se alivian — o, en algunos casos, desaparecen completamente — si se adopta una dieta sin carne o baja de carne. Esta lista no es completa, como se dijo. Muchos otros trastornos se consideran asociados al consumo de carne. Algunos — por ejemplo, la solitaria o tenia — *nunca* se han encontrado en personas que no la coman.

El peligro en las granjas

La mayoría de los consumidores de carne se imaginan ingenuamente que cuando compran carne cruda ésta se halla exenta de sustancias químicas y de aditivos artificiales. Des-

Bueno para la salud

graciadamente, esto no es así. Para continuar con sus ganancias, los granjeros modernos usan muchas drogas y productos químicos artificiales, con los cuales mantienen saludables a sus animales y hacen que pesen más y tengan mejor apariencia, a la hora de venderlos. La variedad de los productos químicos empleados cambia de una granja a otra. En algunas partes se usan tranquilizantes para asegurarse de que los animales no representen un problema en los corrales atestados, pero los dos grupos de drogas que se emplean con más frecuencia son los antibióticos y las hormonas.

Los antibióticos se usan para reducir el riesgo de infecciones, el cual, con el alto costo de la cría y de la manutención de los animales, puede llegar a ser un costoso inconveniente para los negocios de una granja. En la mayoría de las granjas modernas, a los animales los mantienen en condiciones espantosas (véase página 106). Hay muy poco espacio para moverse, y el contagio de infecciones es extremadamente frecuente. Hace algunos años, los antibióticos se usaban sólo para tratar a los animales enfermos y para prevenir la propagación de las enfermedades. Hoy en día se agregan habitualmente a los alimentos de los animales, con el objeto de ayudar a prevenir la aparición de infecciones y para estimular una tasa más rápida de crecimiento. Casi la mitad de los antibióticos que se fabrican están destinados a los alimentos para animales. A las bestias jóvenes las alejan de su madre a edad tan temprana que no alcanzan a adquirir ninguna protección natural mediante la leche materna; por esa razón, están mucho más predispuestas a la enfermedad, y, con frecuencia, necesitan tomar antibióticos por el resto de su vida.

El verdadero peligro que se presenta como consecuencia del uso de antibióticos en los animales es que, con el tiempo, ciertas bacterias pueden volverse resistentes a la droga y, después, los antibióticos suministrados a los humanos no servirán para las infecciones. Esto ya se ha presentado muchas veces. Cuando una persona come carne de un animal que haya ingerido alimentos con antibióticos, esta absorbiendo tanto los residuos de los antibióticos como las bacterias que

La revolución verde

adquirieron la resistencia a ellos. Darles antibióticos a los animales puede mejorar las ganancias del granjero, pero también puede acarrear en el futuro enormes perjuicios a los que comen carne.

El uso de hormonas también representa un grave riesgo para la salud humana. Evidentemente, el peligro es tan grande que en Europa la venta de carne vacuna tratada con hormonas ha sido oficialmente prohibida. Por desgracia, sin embargo, la prohibición ha tenido un alcance más formal que práctico, puesto que la experiencia ha demostrado que muchos granjeros todavía hacen caso omiso de la prohibición. En Bélgica, por ejemplo, se encontró recientemente que, en proporción de una a cuatro, las hamburguesas contenían hormonas del crecimiento que habían sido originalmente suministradas al ganado.

La razón principal por la cual a los granjeros les gusta darle hormonas a su ganado es muy simple. Si uno le da hormonas del crecimiento a un animal, éste crecerá con más rapidez y alcanzará mayor peso en menos tiempo.

PREGUNTA: *¿Una dieta vegetariana es inocua para las mujeres embarazadas?*

RESPUESTA: *Sí. Una dieta vegetariana debidamente balanceada originará, de por sí, menos problemas nutricionales que una dieta que incluya carne.*

Una de las hormonas más comúnmente usadas es el dietilestilbestrol, de gran aceptación entre los granjeros porque ayuda tanto a las ovejas como al ganado vacuno a engordar rápidamente. El problema es que esta hormona es una sustancia peligrosa. No mucho después de la segunda guerra mundial, fue usada en mujeres embarazadas que parecían tener propensión al aborto. Sin embargo, sólo al comienzo del año 1970 se reveló que las hijas de las mujeres a quienes les habían

Bueno para la salud

suministrado la hormona tenían propensión a enfermar de cáncer vaginal. Esta fue la primera vez en la historia de la medicina en que se demostraba que una droga suministrada a personas de una generación estaba causando efectos en personas de la siguiente, años después de un nacimiento seguro y libre de incidentes. Oficialmente, a los granjeros les está prohibido usar dietilestilbestrol, pero existen fuertes indicios de que todavía lo usan.

En los Estados Unidos las hormonas para ayudar al crecimiento de los animales son de uso corriente: aproximadamente las cuatro quintas partes de todo el ganado de cría de ese país todavía recibe ese tratamiento. En cierta forma, este peligroso fraude no debe sorprender. Una sola y barata píldora de hormonas puede hacer que un animal gane 22 kilos de carne magra, a la vez que consume menos alimento que otro animal que no haya recibido tratamiento hormonal.

No obstante, el costo para los humanos puede llegar a ser terrible. La prohibición de administrar hormonas a los animales fue decretada en Europa en 1980, cuando algunas madres italianas comenzaron a notar que a sus bebés les estaban creciendo senos después de haberles dado comida para niños, manufacturada con productos de animales tratados con dietilestilbestrol. Más recientemente, algunos médicos de Brasil y de Puerto Rico informaron que un buen número de niñas de pecho o de pocos años habían desarrollado senos y habían comenzado a producir leche y a menstruar después de haber sido alimentadas con leche de vacas tratadas con hormonas.

A pesar de estos hechos, todavía hay granjeros en Europa que gastan enormes sumas de dinero en conseguir esas hormonas ilegalmente. En la actualidad, quince hormonas del crecimiento que han sido prohibidas se pueden conseguir en el mercado negro en Europa, y en casi todos los países estas drogas están alterando enormemente la carne.

Los antibióticos y las hormonas no son las únicas drogas que la gente corre el riesgo de ingerir cuando come carne. Los granjeros usan una amplia gama de productos distintos de éstos, para mantener vivos a sus animales... y para garantizar que rindan aceptables ganancias. Por ejemplo, a veces les inyectan unas sustancias llamadas prostaglandinas, que hacen que todos los animales "maduren" al mismo tiempo; obviamente, esto es más conveniente que esperar a que la naturaleza siga su curso. Además, los granjeros administran a sus animales productos químicos que, al ser digeridos, matan cualquier huevo de mosca que pueda depositarse en el estiércol. Esta técnica ha sido concebida para reducir el número de moscas en los establos atestados, pero nadie sabe todavía qué efectos puedan tener en los consumidores humanos esas toxinas acumuladas.

Fuera de todos estos productos químicos, conviene recordar que, cuando uno come carne, también está tomando todas las demás sustancias, químicas o "naturales", que puedan haberse acumulado en el cuerpo del animal antes de su muerte. Así, por ejemplo, si el animal tiene gran cantidad de ácido úrico en su corriente sanguínea, quien coma su carne estará absorbiendo ese ácido úrico, que, acumulado, puede conducir al desarrollo de enfermedades como la gota, la artritis y los cálculos renales. Por último, con el susto que los animales sienten en los mataderos, producen masivas cantidades de adrenalina, cuyos efectos en el consumidor humano creo que nadie conoce hasta el presente.

Peligro en los mataderos

La gran demanda de carne en esta época implica que a una cantidad enorme de animales los transporten a grandes mataderos regionales en donde los sacrifican y los procesan. Teóricamente, el proceso debería ser limpio, higiénico, rápido, eficiente e indoloro; pero no tiene ninguna de estas características.

El tamaño mismo del mercado hace que el sacrificio se realice en enormes establos en donde el contagio de infecciones es común y en donde el tiempo para limpiar la sangre y las materias fecales es muy corto o ni siquiera existe. Habitualmente, el sacrificio de pollos se lleva a cabo en tandas de diez mil, y ni siquiera las plantas de flujo rápido y de alta tecnología alcanzan a procesar una cantidad tan grande de unidades sin que los cadáveres se infecten, siguiendo el proceso natural o por contagio. Todo se realiza con demasiada rapidez como para permitir procedimientos de limpieza idóneos, y periódicamente, los mataderos reciben críticas de algunos grupos de inspección por pasar por alto o descuidar el cumplimiento de las normas establecidas para proteger tanto a los animales como a los consumidores.

Nadie dispone de tiempo para averiguar si algún animal tiene un cáncer oculto. Nadie puede controlar el riesgo de que un animal infectado contagie a miles más. La contaminación por materias fecales no es nada extraño sino algo de común ocurrencia.

Las regulaciones modernas permiten que los procesadores de carne y los empacadores confundan y despisten a los consumidores. La palabra *carne* puede abarcar la cola, la cabeza, las patas, el recto y la médula espinal de un animal. El término *productos cárnicos* puede incluir los globos oculares y la nariz. Un paquete que contenga ciento por ciento de carne vacuna puede comprender el corazón, la grasa, la piel, el cuero y los cartílagos. Las salchichas generalmente contienen intestinos, grasa, hueso, cartílago y hasta amígdalas, molidos. Al cadáver le agregan colorantes y conservantes para darle a la carne más atractivo. Nadie retira las materias fecales... Se dejan como peso adicional. Al cadáver le inyectan agua y polifosfatos a alta presión para aumentar el peso de la carne.

Y no sólo la carne roja contiene sustancias químicas, contaminantes y organismos infecciosos. La carne blanca de pollo y de pavo es igualmente mala. Según parece, la mayor parte de los pollos de todo el mundo están infectados hoy en día con salmonela, microorganismo que normalmente no le causa mayor daño a los pollos y que, claro está, no merma su rentabilidad. Más de la mitad de los casos de infecciones por salmonela en los humanos es causada, según se cree, por el consumo de carne de pollo.

Peligro en la casa

Hay incluso indicios de que, si uno ahúma la carne o la asa a la parrilla, está aumentando los riesgos de contraer cáncer.

¿Los alimentos que uno ingiere pueden estarlo conduciendo a enfermarse?

Los alimentos que uno escoja pueden mantenerlo bien, fuerte y saludable, o pueden enfermarlo. Ya no hay ninguna duda a este respecto; la dieta que uno escoja determinará qué tan sano sea y de qué malestares sufra.

En años recientes, los científicos han acumulado una cantidad enorme de pruebas de cómo la mayoría de las personas ingiere demasiada grasa, carne y azúcar, y cantidades insuficientes de frutas y verduras frescas y de fibra. Trágicamente, en estos tiempos muchos de los países desarrollados han exportado, con éxito, hacia los países subdesarrollados sus malos hábitos alimentarios. Como resultado, los pocos afortunados que han sobrevivido al hambre y a las infecciones están ahora sucumbiendo a causa de enfermedades al estilo de los países desarrollados.

La lista de las enfermedades relacionadas con la comida parece alargarse cada año. Ahora ya se sabe que la gama de dolencias que se asocian a la alimentación va desde las enfermedades del corazón y la presión sanguínea alta hasta las enfermedades de la vesícula biliar y las várices. Se sabe, así mismo, que el asma, los malestares alérgicos y muchos tipos de cáncer son también resultado de malos hábitos alimentarios.

En las páginas siguientes presentaré una lista de sólo *algunas* dolencias relacionadas con esos malos hábitos. No estoy prometiendo ningún milagro, pero si usted sigue las recomendaciones expuestas en COMA VERDE, estará mucho menos expuesto a sufrir de esas afecciones; y si, por desgracia, ya padece alguna de ellas, probablemente experimentará una notable mejoría si observa los principios alimentarios de este libro.

Unas palabras de advertencia, sin embargo. Si usted ya está recibiendo tratamiento médico, por favor: hable con su doctor antes de cambiar sus hábitos alimentarios. Es muy factible que si cambia la forma de alimentarse, su necesidad de atención médica también cambie. Así, por ejemplo, si tiene presión sanguínea alta y cambia su dieta, es casi seguro que la presión baje. La necesidad de medicamentos también puede variar o, incluso, desaparecer completamente. Es necesario que visite al médico regularmente mientras esté modificando su dieta o perdiendo peso.

Acné

Se puede aliviar la acné comiendo menos grasa, menos azúcar y más fibra. Varios estudios científicos han demostrado que existe una fuerte relación entre la dieta y esta afección de la piel, tan común, penosa y perturbadora. Por ejemplo, se ha comprobado que los esquimales que adoptan una dieta occidental contraen más acné que los que permanecen fieles a su forma tradicional y natural de comer. También se observa menos acné entre las poblaciones negras de Zambia y Kenia que siguen una dieta tradicional, que entre las comunidades negras de los Estados Unidos. La diferencia principal entre los dos grupos es, por supuesto, la dieta.

Alergias

La fiebre del heno, el eccema, la dermatitis y la rinitis, al igual que algunas variedades de asma, corrientemente son causadas por alergias. Estos trastornos son ahora mucho más frecuentes que hace unos cuantos decenios — en los Estados Unidos, el eccema afectaba a dos personas por mil nacidas en 1946, y a cerca de doce por mil de la siguiente generación — y se sabe que todos ellos son más comunes en las personas que se alimentan de "basura" empacada o de grandes cantidades de productos lácteos. Desgraciadamente, el diagnóstico de "alergia a un alimento" se ha convertido en algo fácil, vago y acomodaticio. Algunos inescrupulosos profesionales de la salud han optado alegremente por este tipo de diagnóstico cuando los síntomas son difíciles de identificar. Pero no hay duda de que todas las personas cuya dieta incluye demasiados alimentos refinados y comidas ricas en aditivos, e insuficiente cantidad de frutas o verduras frescas, estarían mucho más saludables si cambiaran sus hábitos alimentarios.

Anemia

Mucha gente se imagina que los vegetarianos están más predispuestos a la anemia que los consumidores de carne. Esto ya no es verdad, ¡y probablemente hoy en día la anemia sea más común entre los consumidores de carne que entre los vegetarianos! Hay dos razones para ello; primero, que muchos productos cárnicos contienen muy pocos nutrimentos genuinamente útiles; y segunda, que el organismo humano puede absorber el hierro mucho más rápidamente cuando la dieta es rica en vitamina C. Los consumidores de carne con frecuencia comen muy pocas frutas y verduras.

Ansiedad

Si uno sufre enormemente de ansiedad, puede reducir sus síntomas rebajando la ingestión de cafeína y de azúcar. Los investigadores han encontrado también que muchos de los que sufren de ansiedad toman comidas con un contenido muy escaso de vitamina B.

Asma

Los casos de asma se han triplicado en las últimas dos o tres generaciones. Parece haber muy pocas dudas de que los hábitos alimentarios son, por lo menos en parte, responsables de esto. Investigaciones realizadas alrededor del mundo muestran que la leche y sus derivados — la mantequilla y el queso — son, en particular, la causa de muchas afecciones, aunque una dieta que incluya demasiada carne grasosa también puede originar enfermedades. Muchos asmáticos han descubierto que los síntomas disminuyen si adoptan una dieta a base de verduras, frutas y nueces. A propósito, en casos de emergencia, es posible lograr cierta mejoría tomando bebidas ricas en cafeína, pues esta poderosa droga actúa como un efectivo broncodilatador. El café, el té y las bebidas de cola pueden proporcionar alivio a corto plazo.

Aterosclerosis

La aterosclerosis — o endurecimiento de las arterias — es una causa frecuente de enfermedades del corazón, presión sanguínea alta y accidentes cerebrales. Hoy en día se ha llegado a comprobar que esta dolencia está íntimamente relacionada con los hábitos alimentarios. Basta con consumir demasiada grasa (especialmente grasas animales saturadas) o azúcar, para que aumenten peligrosamente los riesgos de enfermar de aterosclerosis. Incluso, existen algunas pruebas de que un alto consumo de cafeína puede elevar tales riesgos. Sin embargo, uno puede ayudarse enormemente, comiendo más verduras, más alimentos ricos en fibra, como el salvado de avena (cuya acción en la reducción del colesterol es conocida ahora), más fríjoles, más yogur natural y más ajos y cebollas. Consumir poco alcohol también puede servir.

Cáncer

En la actualidad, los médicos estiman que de una tercera parte a la mitad de todos los cánceres está relacionada con la comida. Algunos especialistas creen que el riesgo es aún mayor en las mujeres, y que los malos hábitos en la alimentación contribuyen o son los causantes de *más* de la mitad de todos los casos de cáncer. El consumo de grasas alto se ha asociado al aumento de casos de cáncer del seno y del colon; el hábito de comer alimentos curados, encurtidos o ahumados es, según parece, la causa de muchos casos de cáncer del estómago y del esófago; y actualmente se cree que una dieta rica en grasas y pobre en fibra está relacionada con la aparición de cáncer del útero en las mujeres y de la próstata en los hombres.

La más segura de las dietas, si uno quiere reducir los riesgos de cáncer, es la dieta verde: abundantes frutas, verduras, cereales integrales y pocos alimentos grasosos. También hay que evitar los encurtidos y los alimentos ahumados, y tomar alcohol sólo con moderación. Los investigadores señalan que la dieta verde ayuda en varios aspectos: no solamente hay en estos alimentos menos sustancias químicas causantes de cáncer, sino que la alta cantidad de componentes fibrosos implica que cualquier elemento químico que *esté* presente en el alimento durará mucho menos tiempo en el cuerpo y habrá menos riesgo de que se absorba. Por último, hay pruebas de que las personas con sobrepeso son más propensas al cáncer que las de peso normal... y mi dieta verde es, claro está, excelente para quienes quieran adelgazar.

Cataratas

Para reducir el riesgo de cataratas, se debe ingerir poco azúcar.

Estreñimiento

Una dieta que contenga mucha fibra (o afrecho) ayudará a prevenir el estreñimiento. La dieta verde es perfecta para alguien que tenga este problema.

Depresión

Todo indica que las personas que sufren de depresión deberían incluir muchas frutas frescas en su alimentación, al igual que comer una buena cantidad de alimentos ricos en vitamina B. La dieta verde es conveniente para ellas.

Diabetes

Disminuir el azúcar y las grasas puede ayudar a las personas a evitar una diabetes; también puede servirles a las que ya son diabéticas a no tener que someterse a tratamiento médico. La dieta verde, escasa en grasas y azúcar y abundante en fibra y carbohidratos complejos, es excelente para este fin. La fibra ayuda a disminuir la tasa de absorción del azúcar, y el efecto adelgazador de la dieta también ayuda.

Enfermedades de la vesícula biliar (en especial los cálculos biliares)

No hay duda de que la alta presencia de cálculos biliares en los habitantes del mundo occidental está íntimamente relacionada con sus hábitos alimentarios. Como consumen tantas grasas y tan poca fibra, e ingieren excesivas calorías, la consecuencia casi inevitable es la aparición de cálculos biliares. El riesgo de adquirir cálculos biliares o de agravar el problema cuando ya existe, puede reducirse considerablemente evitando el consumo de carbohidratos refinados y de grasas de todas clases, evitando engordar o tratando de adelgazar, y aumentando el consumo de frutas y verduras ricas en fibra y de cereales integrales. También hay pruebas de que la ingestión de un desayuno completo ayuda a reducir el riesgo de molestias en la vesícula biliar.

Por último, algunos especialistas han demostrado que las alergias a los alimentos pueden conducir, a veces, a trastornos de la vesícula biliar. Los tres alimentos que causan más molestias son el huevo, el cerdo y la cebolla. Quienes sufran de trastornos de la vesícula biliar deben reducir radicalmente la ingestión de estos tres alimentos... o tratar de evitarlos del todo por un tiempo, para observar si los síntomas desaparecen completamente.

Gota

Para curar la gota — o para evitarla — se debe restringir la ingestión de alcohol y reducir drásticamente la carne. También puede ayudar la limitación de comidas que contengan pescado, arvejas y fríjoles.

Dolores de cabeza

Aparte del estrés, la tensión y la ansiedad, ciertos alimentos son la causa más corriente de los dolores de cabeza. Muchas personas sufren crónicamente de dolores de cabeza a causa de su sensibilidad a determinado tipo de alimento. El chocolate, el alcohol, las comidas grasosas y las comidas ricas en aditivos se encuentran entre los alimentos que con mayor frecuencia originan esta reacción. Algunos pacientes han sido capaces de controlar sus dolores de cabeza en forma permanente llevando un diario para observar qué comidas les provocan los síntomas, a fin de eliminarlas de su dieta. Muchos pacientes han encontrado que sus dolores de cabeza eran causados por la cafeína; en algunos casos, por ingerir mucha cafeína; en otros, como síndrome de la privación de ella.

Enfermedades del corazón

En las páginas 36 a 40 y 85 ya me ocupé de este tema en forma más o menos extensa.

Presión sanguínea alta

Numerosas investigaciones han demostrado que mucha gente que sufre de presión sanguínea alta puede controlar su problema sin medicamentos, con sólo manejar su dieta con más cuidado. En general, la dieta verde, baja en grasas y rica en fibra, puede ayudar, lo mismo que la disminución al mínimo del consumo de alcohol y de sal y el aumento del consumo de

Bueno para la salud

potasio. Hoy en día existe la evidencia de que cualquiera que tenga presión sanguínea alta (o una historia familiar de presión sanguínea alta) debe reducir su ingestión de sal, para lo cual tendrá que evitar consumir lo siguiente (o por lo menos mantener su consumo tan bajo como le sea posible):

comidas procesadas, en general	galletas saladas
enlatados	mantequilla salada
comestibles de "desecho" (como hamburguesas para llevar)	queso salado
	salchichas
papas fritas	tocineta
maní (cacahuete) salado	

No se debe agregar sal a las comidas en el momento de cocinar, y el salero debe desterrarse de la mesa. Otros ingredientes que pueden usarse para darles sabor a las comidas, en vez de la sal, son el jugo de limón, el perejil, el ajo, el rábano picante y el estragón.

Así como de todos es conocido que demasiada sal causa un efecto adverso en las personas con presión sanguínea alta, también se ha comprobado que algunas persona con esta afección tienen insuficiencia de potasio. Entre las comidas ricas en potasio se encuentran:

las manzanas	los dátiles
los albaricoques	las toronjas
los espárragos	las naranjas
los aguacates	las arvejas
los bananos (plátanos)	los pimientos
los fríjoles	las ciruelas pasas
las coles de Bruselas	las papas
el repollo	los rábanos
la mazorca de maíz	las uvas pasas

Indigestión

Para el tratamiento efectivo de la indigestión, se debe buscar qué clase de comidas hacen más daño al estómago, para evitarlas. Las comidas fritas y grasosas son las que con más frecuencia causan malestares, aunque hay personas que encuentran que algunas hortalizas en especial, como las coles de Bruselas, el pepino cohombro y los rábanos, les sientan mal. En términos generales, una dieta baja en grasas puede ayudar a tratar la indigestión.

Infecciones

Se puede ayudar al organismo a combatir las infecciones con mayor eficacia si se mantiene una dieta baja en grasas, en colesterol y en azúcar, y si al mismo tiempo se aumenta la ingestión de alimentos naturalmente ricos en vitamina A, vitaminas del complejo B y vitamina C. La dieta verde es excelente para conseguir este propósito. También existe hoy en día una creciente certidumbre de que el ajo y el yogur natural ayudan a rechazar las infecciones.

Insomnio

Para dormir mejor, evite la cafeína y la leche de vaca y tome muy poco alcohol.

Síndrome de irritación intestinal

Sorprendentemente, ahora los especialistas creen que una de cada siete personas, en los países desarrollados, sufre del síndrome de irritación intestinal. Los síntomas más comunes son los dolores abdominales acompañados de diarrea, alternada con estreñimiento. Estos síntomas pueden disminuirse y a veces erradicarse evitando el azúcar y las grasas y aumentando gradualmente la ingestión de fibra. (Es importante que el aumento de ingestión de fibra sólo se efectúe poco a poco, pues, cuando se hace en forma acelerada, puede producir problemas temporales de gases.)

Cálculos renales

Evitar el azúcar y la carne, a la vez que adoptar una dieta vegetariana rica en fibra, ayuda a reducir los riesgos de enfermar de cálculos renales. La dieta verde puede sentarle muy bien a quien sufra de esta afección en particular. Los especialistas también aconsejan evitar la leche y la cafeína y tomar mucha agua.

Esclerosis múltiple

Una dieta baja en grasas puede ayudar a los que sufren de esclerosis múltiple. Los pacientes también pueden ayudarse evitando las comidas a las cuales se consideren sensibles.

Síndrome premenstrual

Las mujeres que sufren de los desagradables, incómodos o dolorosos síntomas premenstruales pueden ayudarse reduciendo la ingestión de cafeína, de leche, de sal y de azúcar. La dieta verde puede resultarles particularmente apropiada.

Síndrome de las piernas inquietas

Este problema, tan común, que afecta especialmente a las mujeres, y que ocurre sobre todo durante la noche, con frecuencia puede controlarse reduciendo drásticamente el consumo de cafeína.

Artritis reumatoidea

La artritis puede aliviarse adoptando un régimen alimentario bajo en grasas. La dieta verde es excelente para los pacientes artríticos, aunque algunos expertos aseguran que la cantidad de frutas frescas que se consuman debe controlarse cuidadosamente.

Accidentes cerebrales (enfermedad cerebrovascular)

Para disminuir los riesgos de un accidente cerebral, es necesario comer más frutas y verduras frescas y más cereales ricos en fibra, y evitar las comidas abundantes en grasa.

Tinnitus

Este problema, consistente en una molesta sensación de campanilleo o retintín, puede aliviarse adoptando un régimen alimentario bajo en grasas y en azúcar, como el de la dieta verde.

Caries y enfermedades de las encías

Hoy en día, la mitad de los niños de cinco años de edad del mundo occidental tienen caries. Las grandes compañías productoras de alimentos del mundo entero se las han arreglado para adelantar, con éxito, campañas alimentarias, apoyadas por dentistas y médicos, en las que se han empleado grandes cantidades de dinero en publicidad, ideada inteligentemente para incitar a los niños a consumir más dulces y más chocolates. El consumo constante de comidas ricas en azúcar "alimenta" las bacterias que producen el ácido cuya acción sobre los dientes inicia el proceso de la caries. Al reducir la absorción de alimentos ricos en azúcar y al aumentar el consumo de frutas y verduras frescas, se logra reducir drásticamente el riesgo de caries y de enfermedades de las encías.

Úlceras (gástricas y duodenales)

La dieta verde no curará milagrosamente la úlcera (en la cual influyen demasiados factores diferentes, entre ellos el estrés) pero hay pruebas de que puede servir de ayuda.

Várices

Ya se ha comprobado que las várices están relacionadas con dietas ricas en grasas y pobres en fibra. Así pues, la dieta verde ayudará a prevenir la aparición de esta dolencia. El estreñimiento y la obesidad — problemas asociados con dietas ricas en grasas y pobres en fibra — aumentan en forma evidente el riesgo de várices.

Razones para comprar alimentos orgánicos

En la actualidad, los productos cárnicos no son los únicos alimentos que contienen toxinas, venenos y aditivos potencialmente nocivos. Muchas frutas y verduras enlatadas y procesadas están contaminadas con sustancias químicas. Es un hecho que, algunas veces, las frutas y las verduras aparentemente "frescas" también pueden estar contaminadas. Desde hace unos años, un número creciente de granjeros y de hortelanos han tratado de mejorar su producción — y, por ende, sus ganancias — usando sustancias químicas de distintas clases.

Los granjeros pueden alegar que los productos químicos que usan son inocuos, pero esto simplemente no es verdad. Con sólo leer las advertencias que aparecen en las etiquetas de los envases, uno se da cuenta de lo peligrosos que esos productos pueden ser. Existe gran confusión respecto de qué tan frecuentes son en la actualidad los envenenamientos con productos químicos. Con frecuencia, los médicos no piensan que un enfermo que presente síntomas serios o extraños pueda estar sufriendo alguna clase de envenenamiento. Y, sin embargo, en los Estados Unidos se ha calculado que *al menos* uno de cada doscientos casos de cáncer ha sido causado por pesticidas. Es pasmoso enterarse de que el 30 por ciento de los insecticidas, el 60 por ciento de los herbicidas y el 90 por ciento de los fungicidas pueden causar tumores en los seres humanos; y esto ya no es un riesgo teórico o remoto.

Los quince alimentos que tienen más posibilidades de contener pesticidas tóxicos son, comenzando por el de mayor riesgo, los siguientes:

1. tomates
2. carne vacuna
3. papas
4. naranjas
5. lechugas
6. manzanas
7. duraznos
8. cerdo
9. trigo
10. fríjoles de soya
11. fríjoles
12. zanahorias
13. pollo
14. maíz
15. uvas

A juzgar por esta lista, queda bien claro que uno no puede reducir los riesgos de exposición a sustancias químicas peligrosas con sólo evitar la carne y sus productos, puesto que muchas verduras, legumbres y frutas también están contaminadas. Los pesticidas no son la única fuente de problemas; en los últimos años, el uso de fertilizantes a base de nitrato se ha multiplicado. Los nitratos son nocivos en dos formas diferentes pero igualmente importantes. Primero, han contaminado mucho el agua potable (véase la página 66). Segundo, actualmente hay muchos alimentos que tienen un contenido de nitrato peligrosamente alto; y existe una relación casi inevitable y al parecer incontrovertible entre los nitratos y el cáncer.

La única manera de evitar el consumo de productos contaminados por pesticidas y fertilizantes es comer alimentos que hayan sido cultivados orgánicamente: sin la ayuda de ninguna sustancia química. Cada vez más personas de las que han adoptado la dieta verde están observando esta conducta.

El único obstáculo es que los alimentos cultivados de manera orgánica no siempre tienen un aspecto tan atractivo como los que han crecido con la ayuda de toda una lista de sustancias químicas. Las frutas no siempre tienen el aspecto perfecto que uno espera, y las verduras tienen a veces perforaciones causadas por los gusanos. Incluso el color no es siempre tan brillante. No obstante, los alimentos orgánicos no solamente son inocuos; también son mucho mejores para la salud (normalmente contienen más vitaminas y minerales) y saben mucho mejor.

Lo mismo sucede con los huevos de gallinas criadas en libertad; gallinas que tienen continuo acceso a espacios abiertos, que corren y que no están enjauladas como las de los criaderos masificados. Las gallinas que están encerradas en jaulas pequeñas se enferman; así que, con frecuencia, les administran drogas para mantenerlas vivas (y poniendo) por más tiempo. Además, los dueños de los gallineros con frecuencia les dan a las gallinas sustancias químicas para que las yemas de los huevos salgan de un color amarillo más oscuro (por alguna razón, muchos consumidores prefieren comprar esta clase de huevos de yemas de color amarillo artificialmente más intenso) o para que las cáscaras sean de color castaño (no hay ninguna diferencia entre un huevo de color castaño y uno blanco, pero los primeros se venden mucho mejor, según parece). Los huevos de gallinas mantenidas en libertad, por otra parte, en general no están contaminados con drogas o con aditivos químicos.

La verdad sobre los aditivos de los alimentos

Los industriales de la alimentación usan saborizantes, colorantes, conservantes, etc., con el objeto de restaurar o mejorar el gusto, el color o la textura de los alimentos que venden. En total, usan cerca de 3 500 aditivos distintos, y desde hace pocos años ha habido una gran cantidad de discusiones acerca de qué tan inocuas pueden ser esas sustancias. El consumidor corriente absorbe alrededor de dos kilos y medio de aditivos cada año, y muchos críticos opinan que éstos pueden ser los causantes de una larga lista de problemas de salud.

Yo pienso que se usan demasiados aditivos, y que es probable que algunos de ellos sean nocivos. Además, también creo que la controversia ha sido manejada por periodistas y por

La revolución verde

profesionales de la salud que no siempre han dicho toda la verdad. Sin embargo, aquí están los hechos que usted debe realmente conocer con respecto a los aditivos.

PREGUNTA: *Me gusta el sabor de la carne y me parece que el sabor de los vegetales y del pan es bastante soso. ¿Llegará a gustarme realmente una dieta vegetariana?*

RESPUESTA: Sí. Los productos cárnicos modernos y los alimentos refinados están llenos de aditivos creados para agregarles sabor. Muchos productos que usted encuentra en las estanterías de los supermercados contienen una gran cantidad tanto de azúcar como de sal (lo único que tiene que hacer es mirar las etiquetas de los paquetes y de las latas: ¡quedará sorprendido!). El resultado es que nuestras papilas gustativas esperan comidas de sabores fuertes. Así, cuando usted deja de comer carne y "basura" empacada, "echa de menos" por un tiempo los sabores fuertes y artificiales; pero poco a poco su sentido natural del gusto regresa. Gradualmente, comenzará a gozar del sabor real de los alimentos.

A propósito, si le parece que el sabor del pan es bastante soso, sospecho que esto se debe a que usted consume ese pan blanco refinado que viene empacado y en rebanadas. Trate de comprar pan integral o pan francés: pronto apreciará la diferencia. El pan verdadero y fresco tiene un sabor delicioso.

¿Qué tipos de aditivos existen?

Los colorantes. Se usan para darles a los alimentos un aspecto más atractivo. Sin colorantes, las arvejas congeladas serían más grises que verdes. Algunos colorantes se usan deliberadamente para engañar al consumidor (por ejemplo, los empacadores de carnes usarán un rojo opaco para disfrazar los gordos y otros ingredientes que no sean carne, en la carne molida y en las salchichas).

Por otra parte, algunas tinturas se usan más por costumbre que por otra cosa (por ejemplo, a las natillas, que consisten

Bueno para la salud

sobre todo en fécula de maíz aromatizada con vainilla, le dan un color amarillo porque, cuando por primera vez salió al mercado, la finalidad era dar la impresión de que el producto estaba hecho con huevos. Yo dudo de que hoy en día muchas personas crean que el polvo para natilla está hecho con huevo, pero el colorante amarillo se sigue empleando porque el consumidor *espera* que la natilla sea amarilla, y ninguna empresa se atreve a producirla sin esa tintura porque sabe que, si lo hiciera, perdería todas sus ventas, en favor de sus competidores.

Los saborizantes. Se usan para agregar sabor a las comidas y, a veces, para darle a un producto muy desabrido un sabor completamente distinto. Por ejemplo, el glutamato monosódico se usa con frecuencia para estimular las papilas y acrecentar la sensación de gusto. El empleo de estas sustancias no está reglamentado y no hay listas autorizadas. Es extraño, pero normalmente no tienen que aparecer en las etiquetas de los productos. Gracias al hábil manejo de los saborizantes, se puede hacer que cualquier cosa tenga buen sabor, lo cual le permite al fabricante aumentar el tamaño de su producto con desechos o incluso con agua.

Los conservantes. Se emplean para que los alimentos duren más sin "dañarse" o "sin ponerse feos". Algunos conservantes se usan para evitar que los colorantes y los saborizantes pierdan su efecto, pero, sobre todo, para impedir el desarrollo de microorganismos que hagan que los alimentos se pongan rancios.

Los emulsionadores y los estabilizadores. Los emulsionadores se usan para inyectar agua en los productos (usualmente en la carne) y así aumentar su peso y darles una textura firme y lisa. Los estabilizadores, que se usan con frecuencia junto con los emulsionadores, evitan que el agua y la grasa se separen.

El resto. Muchos aditivos para alimentos se usan con el objeto de hacer más fáciles el manejo, el procesamiento y el empaque de los productos. Algunos sirven para mejorar la consistencia de la comida (por ejemplo, para hacer que el producto se extienda mejor). Hay sustancias antisalpicantes que se agregan al aceite para que no salpique por fuera de la sartén cuando se ponen en ésta las papas húmedas. Mediante el hábil uso de los aditivos, los fabricantes pueden hacer que un producto parezca algo que no es: por ejemplo, pueden lograr que una comida *semeje* ser carne o queso. No hay ninguna duda de que todos los aditivos permiten a los industriales adulterar los alimentos con el objeto de ahorrar dinero.

¿Qué perjuicios pueden causar los aditivos?

Bastantes, pero posiblemente menos de los que uno se imaginaría. Desde hace unos años, los críticos han venido quejándose de que los aditivos son los causantes de una gran cantidad de trastornos. No hay ninguna duda de que *pueden* causar perturbaciones en la salud. Por ejemplo, pueden destruir las vitaminas, y ahora se piensa que están relacionados con el asma, el eccema, la dermatitis y otros salpullidos; con las jaquecas, la hiperactividad en los niños, los vértigos, las molestias renales, las palpitaciones, la diarrea, las convulsiones, el dolor de estómago y los trastornos intestinales, así como con muchos problemas alérgicos; pero se han exagerado sus peligros.

Una de las quejas mas frecuentes es que los aditivos son la causa de muchos problemas alérgicos, y que, en particular, generalmente causan hiperactividad en los niños. La asociación entre aditivos e hiperactividad fue discutida por primera vez en los años setenta, pero desde entonces ningún médico ha podido presentar una prueba inequívoca que pueda sustentar esta queja. Parece ser que, si existe alguna relación, ésta debe de ser muy leve, con bastante menos del 1 por 1 000 de personas afectadas. De igual manera, las historias que han corrido sobre la relación entre los aditivos y el cáncer han sido muy exageradas. Es cierto que algunos aditivos han causado cáncer en animales de laboratorio, pero todavía no existen pruebas de que estén asociados al cáncer en los seres humanos.

Bueno para la salud

A pesar de estas exageraciones — y de mis tranquilizantes afirmaciones — creo que todo el mundo debe tomar mucho más en serio los riesgos relacionados con los aditivos de los alimentos. Muchos de los aditivos artificiales que se usan con más frecuencia *nunca* han sido examinados para determinar si son aptos para el consumo humano. Quienes manejan la industria de la alimentación disculpan este extraño hecho diciendo que hay varios miles de aditivos actualmente en uso ¡y que los procedimientos de análisis son demasiado largos, lentos y costosos! Me cuesta trabajo creer que ésta sea una excusa adecuada para no hacer nada.

Tampoco me parece especialmente tranquilizador el hecho de que los directivos de las empresas productoras de alimentos digan que "sólo" el 1 por 1 000 de las personas son propensas a sufrir de trastornos de salud causados por los aditivos de las comidas. *Todo* el mundo ingiere alimentos, y, por tanto, si un 1 por 1 000 de personas puede ser afectado, el total de gente perjudicada llega a ser espantoso.

Para finalizar, me parece particularmente preocupante que se tengan que usar al mismo tiempo tantos aditivos. Como es de amplio conocimiento, las sustancias químicas con frecuencia interactúan; así que si uno incluye dos de ellas en un producto, existe un riesgo real de que las dos se combinen y produzcan una nueva sustancia química. Y, como a los alimentos modernos les agregan tantos aditivos distintos (¡hasta tal punto que una sola comida puede fácilmente contener cincuenta productos químicos diferentes!) nadie sabe lo que esos aditivos puedan estar haciéndose los unos a los otros, o qué efectos colaterales a largo plazo estén generándose.

¿Los alimentos que sólo contienen ingredientes "naturales" son más seguros que los que contienen aditivos?

No necesariamente: eso depende de qué llame uno "natural". Desde hace unos años, la industria de la alimentación se las ha arreglado para desvirtuar la palabra *natural*, hasta tal punto que ya casi no significa nada. Por ejemplo, las compañías productoras de alimentos pueden poner en sus etiquetas la frase mágica de "sin aditivos artificiales" o la nota igualmente tranquilizadora de "sólo ingredientes naturales", cuando usan aditivos químicos tomados de la naturaleza (o versiones sintéticas de ellos), aunque no sean sustancias sacadas de los alimentos. En cambio, algunos nutrimentos esenciales, como las vitaminas y los minerales, a veces tienen que figurar como "aditivos", ¡como si fueran artificiales!

Entonces, ¿cúal es la respuesta?

Mi sugerencia es que trate de comprar tantos alimentos "frescos" como le sea posible, y que, cuando tenga que comprar comida procesada y empacada, seleccione productos que contengan una lista relativamente corta de aditivos. Hay que recordar que la sustancia cuyo nombre figura en primer término en la lista del paquete es la que aparece en mayor cantidad en él; los nombres de los otros productos se encuentran en orden decreciente respecto de la cantidad. Uno debe acostumbrarse a comprar en almacenes que le merezcan confianza, y a sembrar sus propios productos siempre que pueda (o a comprar alimentos a los amigos o intercambiarlos con éstos). Si inmediatamente después de ingerir un producto nuevo usted o algún miembro de la familia presenta síntomas de enfermedad no experimentados antes, es conveniente suspenderlo por un tiempo para ver si los síntomas desaparecen. Por último, cuando ya usted haya adoptado la dieta verde, y sus principios, podrá obtener una sensación de bienestar considerable del hecho de estar ingiriendo probablemente muchos menos aditivos innecesarios — y posiblemente desagradables — que cuando comía carne y sus derivados.

Coma verde y evite infecciones

A pesar del uso extendido de los conservantes y de otras sustancias químicas, destinadas a ayudar a mantener la comida en buenas condiciones, se ha estado presentando en años recientes un crecimiento notorio e inquietante de la frecuencia de infecciones causadas por los comestibles. El vómito, la diarrea y los dolores de estómago — síntomas típicos de las infecciones gastrointestinales originadas en la comida — son ahora frecuentes. Las infecciones transmitidas por la comida están tan extendidas hoy en día, que nadie lleva un estricto control del número de personas afectadas. Así que yo estoy encantado de poder decir que, en este caso, ¡también es ventajoso comer verde!

La mayor parte de las infecciones provenientes de la comida se transmiten por conducto de la carne y los productos cárnicos. Las personas que siguen una dieta vegetariana o semivegetariana están mucho menos propensas a contraer una infección transmitida por algo que hayan comido que las personas consumidoras de carne.

La carne y los productos cárnicos, a la hora de venderlos, están mucho más expuestos que otros alimentos a la contaminación por organismos infecciosos y tienen muchas más posibilidades de infectarse antes de ser consumidos.

Los riesgos relacionados con los productos vegetales son muy pocos, pero usted puede reducirlos al mínimo si pone en práctica los siguientes consejos:

1. Nunca compre en una tienda que tenga aspecto sucio o cuyo personal tenga las manos y las uñas sucias. Si el dueño no se preocupa por mantener la tienda — como a sí mismo — limpia, entonces existen muchas posibilidades de que tampoco le preocupe el estado de limpieza de los alimentos que vende.

2. Revise siempre la fecha de vencimiento de los alimentos empacados, y nunca compre enlatados abollados o herrumbrosos; tampoco adquiera paquetes rotos o dañados. Si los alimentos que va a comprar están en el refrigerador, compruebe que éste se encuentre funcionando y que la comida esté fría en el momento de la compra.

3. Trate de comprar huevos de gallinas criadas en libertad, y averigüe si estas gallinas tienen o no salmonela. No compre huevos rotos.

4. Cuando compre alimentos congelados o fríos, llévelos a casa lo más pronto posible. Transportar la comida en un automóvil caliente puede ayudar al desarrollo de bacterias. En lo posible, lleve una nevera portátil a la tienda o al supermercado. Ponga los productos perecederos en el refrigerador o en el congelador en cuanto llegue a casa.

5. Compruebe que su refrigerador esté enfriando suficientemente. La temperatura interior debe estar por debajo de 4°C (41°F). Si el refrigerador está menos frío, la comida puede dañarse; si es necesario, hay que ajustar el termostato. Descongele el refrigerador con regularidad para que esté más frío y funcione mejor.

6. Piense bien en cómo guardar mejor los alimentos en el refrigerador. Mantenga separadas las diferentes clases de alimentos para evitar que se contaminen entre ellos. La carne y cualquier otro producto que esté descongelándose debe colocarse en un plato en la parte baja del refrigerador, para que, si caen gotas, no contaminen a los otros alimentos. Mantenga la carne — una fuente de contaminación de alto riesgo — lejos de otras comidas.

7. Asegúrese de que la carne esté completamente descongelada antes de comenzar a cocinarla. Esto es especialmente importante en el caso del pollo. Si usted se descuida, se arriesga a que, cuando comience a cocinar el pollo, la parte interior de éste se halle todavía congelada; como resultado, cuando crea que todo el trozo de carne está cocinado, el centro se habrá convertido simplemente en una incubadora de bacterias.

8. Nunca vuelva a congelar la comida que ya ha sido descongelada. El descongelamiento acrecienta el número de bacterias.

9. Luego de descongelar la comida, úsela rápidamente; no la deje expuesta por ahí, pues los microorganismos tendrían una soberbia oportunidad para multiplicarse.

10. Mantenga las superficies de trabajo y los utensilios de cocina limpios; lávelos con agua caliente jabonosa, y séquelos. Recuerde que la tela puede tener gérmenes... y transmitirlos;

Bueno para la salud

por lo tanto, use preferiblemente toallas de papel, para disminuir el riesgo de contagio de infecciones.

11. Cuando esté preparando las comidas, lave los cuchillos y las tablas de cortar a intervalos regulares. No debe usar el mismo cuchillo para cortar carne cruda y vegetales crudos.

12. Los vegetales, las frutas y las ensaladas deben lavarse con mucho cuidado, preferiblemente con agua corriente.

13. Lávese las manos con cuidado antes de comenzar a preparar las comidas y después de cada interrupción. Luego de manipular carne, pollo o pescado, lávese las manos de nuevo antes de tocar cualquier otra comida. Y, si tiene alguna infección en las manos, asegúrese de usar un buen vendaje, tanto para protegerse a sí mismo como a la comida que está manejando.

14. Recuerde que los animales domésticos — los gatos, los perros y los pájaros — pueden ser portadores de infecciones altamente peligrosas para los humanos; por esto, deben mantenerse alejados de los alimentos y de las superficies en donde se preparan las comidas. Lávese bien las manos si ha tocado a un animal y va a preparar comida. Los recipientes y demás utensilios destinados a la comida de los animales deben mantenerse separados de los otros, y siempre lavarse aparte.

15. La mejor manera de matar los organismos contaminadores de la carne, del pollo o del pescado es cocinando estos alimentos apropiadamente. No consuma platos preparados con carne, pollo o pescado crudos.

16. Después de preparados los alimentos, hay que comerlos inmediatamente. Si se dejan enfriar, los microorganismos pueden comenzar a proliferar de nuevo. Cuanto más largo sea el tiempo de enfriamiento, tanto mayor será el riesgo de infección.

17. Si quiere guardar comida ya preparada — o reservar los sobrantes — manténgalos bien sea a altas temperaturas, o, mejor, en el refrigerador. No ponga demasiada comida caliente en el refrigerador porque la temperatura interna de éste puede subir a niveles no confiables.

18. Recaliente bien las comidas preparadas, antes de co-

merlas. Para que esto se efectúe en forma apropiada, todas las partes de los alimentos deben llegar por lo menos a una temperatura de 70°C.

19. No consuma platos preparados con huevos crudos, y, si es usted una mujer embarazada, o una persona débil o de edad avanzada, evite los quesos blandos (como brie y camembert) y los quesos azules, pues pueden estar contaminados con la bacteria listeria.

20. Si usa horno de microondas, siga estrictamente las instrucciones. Inspeccione su refrigerador dos veces por semana, con el objeto de desechar cualquier alimento que haya estado allí demasiado tiempo o que tenga un aspecto dudoso. Recuerde que los signos de intoxicación por comida (vómito, diarrea y dolor de estómago) pueden ocurrir desde una hora después de haber ingerido el alimento contaminado hasta cinco días después. Si cree que ha comido alimentos contaminados, debe acostarse, evitar las comidas sólidas, tomar gran cantidad de líquidos y semilíquidos y consultar al médico.

3
Bueno para el espíritu

Además de todas las ventajas relacionadas con la dieta verde, no me cabe la menor duda de que si usted sigue los consejos de este libro estará contribuyendo en forma significativa a que este mundo sea un mejor sitio para vivir. Tampoco dudo de que si come verde se sentirá mejor y más feliz, a la vez que más sano. Y si sabe que sus hábitos alimentarios no están contribuyendo ni al sufrimiento de los animales, ni al hambre de otras personas menos favorecidas, se sentirá más en paz consigo mismo.

Salvar a los animales comiendo verde

Antes yo no acostumbraba a pensar en los animales que sirven de alimento. No se me ocurría asociar un pedazo de carne con una vaca, o una chuleta con una ternera. Tampoco asociaba una salchicha, gorda y chisporroteando en el asador, con un cerdo. Cuando pensaba en los animales que me comía, creía que probablemente habían estado bien cuidados, en buenas condiciones de limpieza, y que eran sacrificados con rapidez y consideración; pero estaba equivocado, terriblemente equivocado, por desgracia.

Cada día, cientos de millones de animales sufren para que los humanos puedan comer carne. A los pollos los mantienen en jaulas tan pequeñas que no pueden abrir las alas, y, para evitar que por estar tan apiñados se piquen los unos a los otros hasta matarse, los granjeros les cortan el extremo del pico. Los cerdos pasan la vida confinados en pocilgas angostas, o amarrados al suelo en condiciones que le darían ganas de llorar a cualquiera que tuviera un poco de sentimientos. Los corrales son estrechos, sucios y fríos, y las condiciones crueles. Los animales no tienen la oportunidad de hacer ejercicio o siquiera de dar la vuelta. A los terneros los alejan de sus madres muy poco tiempo después de nacidos y los crían en estrechos cajones de embalaje, alimentados con una dieta antinatural de puros líquidos, para que conserven la carne blanca e inflada. Se usan drogas para mantener vivas a estas desgraciadas criaturas hasta que hayan alcanzado el peso requerido, y luego las mandan atadas al matadero. La próxima vez que usted se encuentre con un camión que transporte ganado vivo o pollos, eche un vistazo. Le aseguro que se quedará horrorizado y avergonzado.

Los animales son criaturas sensibles. Nosotros tenemos la obligación de tratarlos en forma correcta; sin embargo, omitimos esta responsabilidad. Hace doscientos años que miles de africanos, hombres y mujeres, fueron capturados, llevados a América y vendidos como esclavos. En Australia, los colonizadores blancos cazaban a los aborígenes y los mataban como cucarachas. Hoy en día, todo esto nos parece inexplicable, censurable e imperdonable. Yo me pregunto: ¿Qué pensarán las generaciones venideras del tratamiento que le damos al reino animal?

Cada día se sacrifican millones de animales en los mataderos. Y su muerte no es ni limpia, ni rápida, ni indolora. Estos animales sufren.

Los terneros permanecen de pie en medio de su propia sangre y la de sus hermanos y hermanas. Permanecen aislados y asustados; pero aún confían en los humanos y lamen la mano del que pasa, en busca de alivio y amor. Los matan de manera cruel e incompetente; los pasan de un lugar a otro con la ayuda de aguijadas eléctricas; los dejan por horas sin comida; cuando todavía están conscientes les cortan la cabeza, y ellos siguen en pie durante unos momentos, desangrándose. Sus bramidos son horripilantes. Mueren en medio del terror, de la tristeza y del dolor. Su sacrificio es brutal e impío.

PREGUNTA: *¿Es verdad que, si los granjeros no mantuvieran el ganado de cría para nuestro consumo, algunas razas desaparecerían completamente de la faz de la tierra?*

RESPUESTA: *De acuerdo con esa teoría, el caballo se hubiera extinguido con la invención del motor de combustión interna. La verdad es que si la tierra cultivable se hubiera utilizado para sembrar plantas destinadas al consumo humano (y no para el consumo animal), sobrarían suficientes tierras para que los animales destinados a la producción de lana, huevos y leche pudieran pastar en forma natural. Y, si acaso algunas razas tuvieran que desaparecer, yo creo que esto sería preferible a que tuvieran que permanecer en las terribles circunstancias en que se encuentran hoy en día.*

Toda esa operación miserable de preparar a los animales para la mesa comienza con la concepción. La inseminación artificial es ahora una práctica corriente: es más barata y más segura. Las vacas de muy buena casta se usan como si fueran fábricas de embriones; a los terneros en crecimiento los transfieren a madres de naturaleza menos receptiva. Los genetistas permanentemente están tratando de encontrar nuevos métodos para mejorar la calidad y el tamaño del ganado existente.

Los lazos entre la madre y la cría son tan fuertes en los animales como en los seres humanos, pero los granjeros modernos desconocen este hecho. El destete se lleva a cabo apenas sea posible. Cuando una vaca ya no puede criar terneros, se destina a la producción de salchichas. Recientemente, una vaca privada de su ternero recién nacido escapó del cautiverio y caminó once kilómetros hasta encontrar, en el mercado, el animalito del cual la habían separado.

Cada día millones de pollitos machos de escasas horas de

nacidos son sacrificados porque no sirven para poner huevos. No hay leyes que determinen la forma en que estos sacrificios en masa deban realizarse; algunos pollitos son aplastados o asfixiados. Muchos se emplean como fertilizantes o como alimento para otros animales. En todas partes del mundo, animales de las especies más diversas, como perros, caballos, ovejas, cerdos, vacas, cabras — la lista es larga — se emplean como alimento. Con demasiada frecuencia, quienes se encargan de la cría de estos animales los tratan sin afecto ni respeto. Todo el mundo se olvida de que los animales sienten dolor tanto físico como mental. Y los granjeros, así como los consumidores, desconocen el hecho de que ningún animal quiere morir.

Quienes crían animales — y venden carne — con frecuencia arguyen que, puesto que el hombre es superior a las demás especies, no hay nada de malo en criar, matar y comer animales. Uno puede, afirman ellos, hacer lo que quiera con esas criaturas inferiores. A mí esto me parece un argumento hueco y extraño. En cambio, es seguro que la habilidad que tiene el hombre para pensar — y para el análisis y el razonamiento morales — conlleva una obligación con respecto a los animales. Además, si uno acepta este simple pero cruel argumento, ¿cuánto tiempo pasará antes de que los seres humanos "mejores" y más "inteligentes" comiencen a usar a las personas incapacitadas física o mentalmente, como material experimental u, horror de los horrores, como alimento? ¿Qué sentiríamos si los marcianos llegaran a la Tierra, decidieran que los humanos son menos inteligentes que ellos y, por lo tanto, resolvieran aprovecharnos como alimento? Con frecuencia, a pesar de las drogas que les suministran casi todos los días de su vida, los animales mueren antes de haber sido convertidos en comida. Todo es una cuestión de comercio. El costo de criar ganado de reemplazo es menor que lo que habría que invertir en cuidar a los animales en forma apropiada o en proveer espacios adecuados. Todo el conjunto de este lastimoso negocio es profundamente deprimente. Un animal de un año es, con frecuencia, mucho más racional y sensible que un bebé de

Bueno para el espíritu

seis semanas. Entonces, ¿por qué no comerse a los bebés? Los cerdos son tan inteligentes como los gatos o los perros, y, desde el punto de vista fisiológico y anatómico, están más próximos a un ser humano que la mayoría de los demás animales; sin embargo, son tratados con menosprecio. Recientemente, un cerdo que se encontraba en estrecha cautividad abrió un cerrojo para escaparse de su pocilga, y luego, de igual manera, liberó a otros cerdos de la misma "fábrica". ¿Podrá caber alguna duda sobre la inteligencia de estas criaturas? Los científicos reúnen todos los días nuevas pruebas de cómo los animales que comemos tienen una vida social compleja. Hay leyes que protegen a los perros y a los canarios de la crueldad de la gente, pero a nadie le importa que se críen animales para servir de alimento. La verdad pura y simple acerca de esto es que no necesitamos comer animales para vivir, y que a éstos los crían y los sacrifican para beneficio del productor y para

PREGUNTA: *¿Y qué pasa con las plantas? También están vivas, y muchos estudios han mostrado que, si se les habla, es posible estimular su crecimiento. Si comer animales es malo, ¿comer plantas no lo es también?*

RESPUESTA: *Todos los vegetarianos tienen que encarar con el tiempo ese problema, bien sea porque lo han pensado ellos mismos o porque alguien lo aduce. En realidad, hay personas (los frutarianos; véase página 17) que no comen sino los frutos de las plantas y que evitan comer cualquier tejido vegetal vivo. Mi respuesta personal es que las plantas no tienen sistema nervioso ni cerebro. Yo creo firmemente que los animales sufren de una manera terrible cuando uno los mantiene en condiciones de estrechez o los sacrifica con brutalidad; pero no creo que las plantas sufran de igual modo. Un conejo, un cerdo o una vaca pueden sentir dolor, y todos ellos tienen que sufrir para que uno se los coma; pero no creo que una lechuga sienta dolor cuando está creciendo o cuando la arrancan. La verdad es que uno tiene que comer algo, y encuentro mucho más aceptable comer fríjoles y papas que cerdo y res. Como pasa siempre, cada persona tiene que decidir sobre lo que está bien y es aceptable.*

placer del consumidor. Sospecho que usted se sentirá más en paz consigo mismo si sabe que no ha contribuido a la tortura o a la destrucción de los animales. Y los que coman carne no podrán sustraerse a la responsabilidad de que estas acciones se cometan en su nombre.

Y salvar al mundo

Puede sonar como una exageración, ¡pero no lo es! Cuando uno escoge seguir una dieta verde está haciendo una verdadera contribución a la vida de millones de personas que diariamente se enfrentan con el hambre. La cría de animales como fuente de alimentación implica un desperdicio espantoso. La granja de cría típica consume nueve kilos de proteína vegetal para la producción de medio kilo de carne. Hace unos años, en una conferencia de las Naciones Unidas sobre el hambre en el mundo, el senador Hubert Humphrey llamó la atención sobre el hecho de que si cada estadounidense comiera una hamburguesa menos por semana, ¡habría una disponibilidad de 10 millones de toneladas más de grano para los pueblos que se mueren de hambre! *Así* de significativa puede ser la decisión de comer "verde".

Comer carne, simplemente, no tiene sentido en este mundo superpoblado. Tenga en cuenta estos hechos:

- Cada seis segundos alguien en el mundo muere de hambre. Esto significa que cada año alrededor de tres y medio millones de personas mueren por no tener nada qué comer.
- El gasto en cereales para alimentar a los animales cuya carne va a consumir el opulento, condena a los pobres de los países subdesarrollados a morir de inanición.
- Cada año, aproximadamente 440 millones de toneladas de grano sirven de alimento al ganado... para que los ricos del mundo puedan comer carne. Al mismo tiempo, 500 millones de personas de los países más pobres del mundo no tienen lo suficiente para comer.

Bueno para el espíritu

- La India, Tailandia y Brasil — países en donde hay miles de personas que tienen muy poco qué comer — cultivan soya para exportarla con destino a la alimentación de los animales en Europa.
- A las selvas del Brasil se las está destruyendo para que los granjeros de ese país puedan poner a pastar más ganado... y aumentar así la producción de carne de res para la industria de hamburguesas de los Estados Unidos. La destrucción de la selva húmeda no solo significa la muerte de los animales y de las plantas, sino que incide en la cantidad de oxígeno de la atmósfera y en el clima del globo.
- El hecho de comer carne implica que enormes extensiones de tierra se empleen en el cultivo de granos destinados a la población animal, en vez de que sirvan para cultivar grano en beneficio directo de la gente. Un país tan pequeño como la Gran Bretaña podría cultivar alimentos suficientes para una población de 250 millones de personas, si todas fueran vegetarianas.
- Si consumiéramos la proteína de las plantas que cultivamos — en vez de alimentar con ella a los animales para luego comérnoslos — la carencia de comida en el mundo desaparecería virtualmente de la noche a la mañana.
- Etiopía — patria de millones de personas que se mueren de hambre — exporta comida al mundo desarrollado para que los ricos puedan comer carne.
- Los granjeros de los países del África han recibido estímulos para la creación de granjas avícolas y ganaderas, a pesar de que esto agravará inevitablemente la escasez de alimentos en esos países.
- Los Estados Unidos — que poseen un modesto 6 por ciento de la población mundial — consumen un impresionante y voraz 35 por ciento de los recursos mundiales.
- En los Estados Unidos, el ciudadano medio consume alrededor de 300 libras (135 kilos) de carne al año. El ganado en los Estados Unidos consume la mayor parte de la producción de grano, pescado y vegetales.
- La escasez de agua potable en el mundo se ha hecho mayor

La revolución verde

a causa de la cría de animales. Los granjeros gastan ocho veces más agua para criar animales destinados a la mesa que la que consumirían en cultivar verduras y cereales.
- Los desperdicios originados en los millones de granjas ganaderas del mundo contaminan el ambiente, particularmente las fuentes de agua.
- Puesto que hay que cultivar una enorme cantidad de grano para alimentar a los animales, es indispensable usar fertilizantes y pesticidas, los cuales perjudican la salud de la gente y arruinan el ambiente.
- No tiene sentido y es inútil que los ricos del mundo manden dinero para alimentar a los que sufren privaciones y no tienen tierra, si continúan comiendo carne. Recordemos que 40 hectáreas producen la carne vacuna que necesitan 20 personas, ¡pero podrían producir trigo suficiente para 240 persona y soya para 610!

¿Comprende usted ahora por qué digo que la decisión de comer "verde" puede ayudar a salvar al mundo?

4
Bueno para la figura

Coma verde y adelgace

Por lo menos nueve de cada diez personas, entre las que adoptan una dieta para adelgazar, fracasan. Y esto les sucede por dos razones.

Primero, porque su dieta diaria "normal" se basa en la carne. No les parece que estén tomando una comida apropiada si ésta no contiene carne o algún producto cárnico. Además, es probable que su dieta "normal" incluya productos profundamente refinados, y más bien pocos vegetales completamente naturales.

Segundo, porque, cuando quieren adelgazar, invariablemente escogen una dieta aburridora, poco satisfactoria y nada natural, que probablemente es difícil de seguir, o complicada, o costosa. Pasadas unas pocas semanas, se sienten insatisfechas y hasta un poco enfermas. Entonces, suspenden la dieta y regresan a sus antiguos hábitos de comida e, inevitablemente, recuperan con rapidez el peso que habían logrado perder.

Cuando usted se decida a comenzar a comer verde — sea cual fuere el matiz de verde que haya escogido — tendrá garantizado el éxito. La manera de perder peso será natural, sana y permanente. Perder peso con mi dieta verde es muy fácil, como difícil es perderlo con una dieta basada en la carne.

Más adelante mostraré exactamente cómo puede usted se-

La revolución verde

guir la dieta verde con facilidad y sin ningún esfuerzo. Diré qué alimentos comer y explicaré algunas de las estimulantes recetas que usted puede usar. Pero antes quisiera compartir algunos de los secretos del éxito de una dieta.

He pasado gran parte de mi vida trabajando con gente que quiere adelgazar. Por muchos años fui asesor médico de un extenso grupo de clubes para adelgazar, de mucho éxito, y consultor médico de una de las revistas más famosas del mundo para los que quieren adelgazar. Recibí miles de cartas de mujeres — y de hombres — que buscaban desesperadamente perder peso, que lo habían intentado muchas veces y que no entendían por qué sus esfuerzos por seguir una dieta habían terminado, tan frecuentemente, en un triste fracaso. Ahora ya sé cuales son los secretos del triunfo en lo que se refiere a adelgazar. Sé cómo se puede perder peso con facilidad y en forma saludable y permanente.

Usted puede, desde luego, saltarse los pocos capítulos que siguen y llegar directamente, si quiere, a la tercera parte. Perderá peso, de manera estable y para siempre; pero si quiere lograr resultados más rápidos, le sugiero que *no* se salte los próximos capítulos, porque con ellos aprenderá mucho acerca de sí mismo y del porqué de su fracaso en sus anteriores intentos en materia de dietas. La verdad simple y clara es que la mayoría de los problemas que enfrentan las personas que quieren adelgazar los causan los malos hábitos. Las personas con exceso de peso tienden a comer cosas indebidas, en el momento indebido y por razones indebidas. Si usted adopta la dieta verde, resolverá, desde luego, el primer problema; pero con un poquito de esfuerzo extra, ¡solucionará los otros dos problemas también! Nunca encontrará una manera más fácil de deshacerse de los malos hábitos en la comida que ésta de las próximas semanas, cuando esté aprendiendo a comer verde. Aproveche su cambio en la manera de comer, para eliminar *todos* los malos hábitos alimentarios que le han acarreado problemas de peso; así eliminará el peso indeseado con mayor rapidez aún.

SEGUNDA PARTE

SECRETOS PARA ADELGAZAR CON ÉXITO

5
Enfrentarse al problema

El sobrepeso y sus peligros

El sobrepeso es uno de los mayores problemas del siglo xx. Ser gordo (y no me parece que haya necesidad de evitar la palabra: los eufemismos disfrazan la naturaleza de los problemas pero no los erradican) hace que las personas se sientan desdichadas, empeora de manera considerable enfermedades tan diferentes como la artriris y el asma, y mata.

Con frecuencia, la obesidad es considerada como un problema social. Creo, con bastante certeza, que la mayoría de los que pasan casi toda la vida haciendo dietas quieren perder peso para verse mejor, para poder ponerse vestidos más a la moda y para lucir más atractivos a los ojos de los demás. Sin embargo, incluso un moderado exceso de peso puede producir o agravar la presión sanguínea alta, la gota o la diabetes. Las enfermedades del corazón ocurren con más frecuencia entre las personas con sobrepeso; las hernias y las enfermedades de la piel también les son comunes. A continuación explicaré algunas formas en que el sobrepeso afecta a la salud.

La piel

Los obesos tienen pliegues muy profundos en la piel, que son difíciles de mantener limpios y secos; así pues, las infecciones por hongos son corrientes en estas personas. Como la grasa actúa como una especie de aislante — que mantiene caliente al cuerpo — los gordos sudan mucho en los climas cálidos; esto empeora sus problemas cutáneos. Las mujeres con sobrepeso encuentran, con frecuencia, que la piel de su abdomen tiene pliegues y que las zonas aledañas a la ingle y las de debajo de los senos son especialmente propensas a presentar problemas, generalmente eccemas y dermatitis. Perder peso quiere decir que la grasa desaparece; pero si la piel ha sido estirada por un largo período, es posible que los pliegues cutáneos no desaparezcan; cuando esto sucede, puede hacerse necesaria una cirugía.

Las articulaciones

Como deben soportar más peso, los gordos son más propensos a sufrir de artritis o de reumatismo. Las articulaciones y los ligamentos, simplemente, comienzan a rechinar bajo la carga que tienen que mover. Con frecuencia, las rodillas se afectan primero. Las articulaciones deterioradas no se mejoran con la pérdida de peso, pero sí se reduce en forma evidente la incidencia y la gravedad de futuros problemas. Si la persona está pasada de peso y sufre de artritis, normalmente el hecho de adelgazar le ayudará a disminuir el dolor y a aumentar la movilidad.

El corazón

El corazón tiene como tarea suministrar sangre fresca al organismo: envía oxígeno y arrastra los productos de desecho. Cuanto más gorda sea la persona, más duro será su trabajo. El corazón promedio palpita setenta veces por minuto. Esto es, 4 200 veces por hora; 100 800 veces por día; 705 600 veces por semana; 36 691 200 veces por año y la cantidad asombrosa de 2 568 384 000 veces durante una vida promedio; pero si tiene que trabajar un 20 por ciento más (porque la persona tiene un sobrepeso de 20 por ciento), con el tiempo se resentirá del esfuerzo. Un motor de 1 000 centímetros cúbicos puede

Enfrentarse al problema

muy bien mover un automóvil pequeño; pero si se lo obliga a mover un autobús, pronto mostrará signos de exceso de esfuerzo. Si uno reduce su sobrepeso, también se reducirá el esfuerzo del corazón, así como el riesgo de sufrir de alguna enfermedad cardíaca.

La presión sanguínea

Normalmente, la sangre se mueve por todo el cuerpo por presión, como el agua a lo largo de una manguera o a través de la tubería de una casa. Si uno usa una manguera más larga, necesitará más presión; si el cuerpo se vuelve más grande, la presión sanguínea tendrá qué aumentar. Inevitablemente, por lo tanto, la gente con sobrepeso tiene, en general, presión sanguínea alta. El peligro es que un vaso sanguíneo llegue a ser incapaz de soportar el esfuerzo y se rompa. Esto pasa con frecuencia cuando las personas tienen accidentes cerebrales. Al perder peso, la presión sanguínea descenderá; y habrá menos susceptibilidad a este tipo de accidentes.

Los pulmones

Cuando uno está en reposo no es tan evidente, pero el pecho está permanentemente expandiéndose y contrayéndose a medida que el aire entra en los pulmones y sale de ellos. Cuando las paredes del pecho se han engrosado por la grasa, los movimientos respiratorios se vuelven más difíciles. Esto se nota en la gente con sobrepeso cuando, después de un ejercicio — que puede ser leve —, tienden a quedarse sin aliento. La disminución de aire fresco en los pulmones acarrea una disminución de oxígeno fresco en la sangre, y esto implica que el corazón tiene que trabajar todavía más para abastecer a los tejidos. Esto quiere decir que la gente con exceso de peso no sólo es más propensa a las enfermedades del corazón sino a los trastornos de los pulmones, como el asma y la bronquitis. Si uno pierde peso, "libera" a los pulmones y reduce todos estos riesgos.

Las venas

Normalmente, la sangre que viene de las piernas sube al corazón por las venas. Los músculos de las piernas comprimen los vasos sanguíneos para que la sangre suba. En las personas con sobrepeso, los músculos encuentran dificultades para realizar esta operación, y la sangre se queda en las venas, lo que origina inflamaciones varicosas. Adelgazar ayuda a prevenir este problema.

Éstas son apenas unas de las formas en que el exceso de peso puede afectar a la salud. También se conocen otros muchos trastornos específicos frecuentes en las personas pasadas de peso.

Por ejemplo, los gordos son mucho más propensos a la diabetes que los que tienen un peso igual o por debajo del promedio. La diabetes es causada por el mal funcionamiento del páncreas, que es la glándula que produce la hormona insulina. La insulina ayuda al cuerpo a procesar los carbohidratos. Muchos de los que sufren de diabetes — especialmente los que la contraen en la edad adulta — pueden eliminar todos sus signos y sus síntomas simplemente con una dieta para adelgazar.

La persona con sobrepeso también tiene mucha más propensión a contraer enfermedades de la vesícula biliar y hernias. Las dificultades son mayores si se trata de mujeres encintas o si se tiene que soportar una cirugía, porque la anestesia es mucho más peligrosa en las personas gordas.

Perder peso le ayuda al cuerpo de mil maneras: ¡hasta los pies se benefician! En promedio, los pies ofrecen a su dueño menos de 322 centímetros cuadrados de soporte. Si usted trata de sostener con la punta de un dedo un paquete de harina, tendrá una idea del esfuerzo del cual estoy hablando. La pérdida de peso reduce drásticamente la presión sobre los pies y hace menos frecuentes los juanetes, los callos y otros problemas similares.

Enfrentarse al problema

¿Cómo puede uno determinar cuánto peso debe perder?

El peso en relación con la estatura

La manera más simple y segura de saber si uno tiene sobrepeso o no, es pesándose. Infortunadamente, muchas tablas de estatura-peso no sirven. Algunas fueron establecidas hace cincuenta años aproximadamente, cuando los hombres y las mujeres eran mucho menos musculosos que hoy en día. Como resultado, algunas de ellas indican que ¡*todo el mundo* tiene que perder peso!

Además, antes de que uno pueda usar una de esas tabla de estatura-peso, ¡debe averiguar si tiene huesos largos, cortos o medianos! Fuera de que algunas personas consideran que determinar esto es virtualmente imposible (¿cómo puede uno saber qué tan largos son sus huesos, si están cubiertos de carne?), francamente, determinar esas medidas no tiene objeto, pues los huesos pesan relativamente poco y la diferencia entre los huesos largos y los huesos cortos es muy pequeña.

Para ayudar a las personas a juzgar su peso con mayor certeza, elaboré unas tablas de estatura-peso que permiten comparar, dada una estatura, el peso real con el peso promedio y con el peso ideal para esa estatura.

Si uno pesa más que el promedio para su estatura, está un poco pasado de peso; pero si éste se sale del margen ideal, el problema es serio.

Sin embargo, las tablas no son la *única* manera de saber cuánto peso hay que perder. En seguida explicaré algunas otras técnicas que usted puede usar para darse cuenta de cuánta grasa superflua está soportando su cuerpo.

La prueba del pellizco

Cuando los médicos miden la grasa usan calibradores especiales; pero si usted quiere saber qué tanta grasa tiene, lo único

TABLA DE MEDIDAS ESTATURA-PESO (HOMBRES)

Instrucciones para pesarse usted mismo:
1. Pésese con tan poca ropa como pueda y sin zapatos.
2. Mídase descalzo o en medias.
3. Habrá exceso de peso si éste se sitúa por encima del peso ideal correspondiente. Habrá falta de peso si éste se sitúa por debajo del peso ideal correspondiente.

Altura (en pies)	Metros	Peso ideal aproximado (en libras)	Kg	Peso promedio aproximado (en libras)	Kg
5.0	1.52	117-130	53-59	123	56
5.1	1.55	119-132	54-60	125	57
5.2	1.57	119-132	54-60	125	57
5.3	1.60	119-134	54-61	128	58
5.4	1.62	123-136	56-62	130	59
5.5	1.65	128-141	58-64	134	61
5.6	1.68	132-145	60-66	139	63
5.7	1.70	136-150	62-68	143	65
5.8	1.73	141-154	64-70	147	67
5.9	1.75	143-158	65-72	150	68
5.10	1.78	147-161	67-73	154	70
5.11	1.80	154-165	70-75	158	72
6.0	1.83	156-169	71-77	163	74
6.1	1.85	161-174	73-79	167	76
6.2	1.88	163-178	74-81	172	78
6.3	1.90	167-183	76-83	174	79
6.4	1.93	172-185	78-84	178	81
6.5	1.96	176-190	80-86	183	83
6.6	1.98	183-196	83-89	189	86

Enfrentarse al problema

TABLA DE MEDIDAS ESTATURA-PESO (MUJERES)

Instrucciones para pesarse usted misma:
1. Pésese con tan poca ropa como pueda y sin zapatos.
2. Mídase descalza o en medias.
3. Habrá exceso de peso si éste se sitúa por encima del peso ideal correspondiente. Habrá falta de peso si éste se sitúa por debajo del peso ideal correspondiente.

Altura (en pies)	Metros	Peso ideal aproximado (en libras)	Kg	Peso promedio aproximado (en libras)	Kg
4.10	1.47	103-117	47-53	110	50
4.11	1.50	106-119	48-54	112	51
5.0	1.52	108-121	49-55	114	52
5.1	1.55	108-123	49-56	117	53
5.2	1.57	112-128	51-58	119	54
5.3	1.60	117-130	53-59	123	56
5.4	1.62	119-132	54-60	125	57
5.5	1.65	121-136	55-62	130	59
5.6	1.68	125-141	57-64	132	60
5.7	1.70	130-143	59-65	136	62
5.8	1.73	132-147	60-67	141	64
5.9	1.75	136-150	62-68	143	65
5.10	1.78	141-154	64-70	147	67
5.11	1.80	143-156	65-71	150	68
6.0	1.83	147-161	67-73	154	70
6.1	1.85	150-163	68-74	156	71
6.2	1.88	154-165	70-75	158	72
6.3	1.90	156-169	71-77	163	74
6.4	1.93	158-172	72-78	165	75
6.5	1.96	161-176	73-80	169	77
6.6	1.98	167-183	76-83	174	79

que necesita son sus propios dedos. Tome un poco de su misma carne entre el pulgar y el índice, y fíjese qué tan ancho es el espacio que ocupa. Si hace esta prueba con la carne del dorso de la mano, descubrirá que allí hay muy poca grasa almacenada, pero si hace lo mismo en la cintura, el resultado será muy distinto. Esta es la primera lección: los depósitos de grasa varían de un sitio a otro del cuerpo.

La porción que usted toma entre los dedos contiene dos capas de piel y dos capas de grasa; y como la piel humana es bastante delgada, en realidad lo que usted agarra son las dos capas de grasa. La distancia entre el pulgar y el índice, dividida por la mitad, da una idea del espesor de la capa de grasa en ese sitio específico.

Con un poco de destreza, usted podrá tomarse esta medida solo. Pero al principio puede ser más fácil con la ayuda de un amigo. No pellizque hasta que duela; basta con que esté seguro de que el pliegue quedó bien agarrado. Luego, con una regla — mejor que con un metro —, mida la distancia entre la yema del pulgar y la del índice.

La ventaja de esta prueba es que uno la puede realizar en cualquier parte del cuerpo, hasta donde alcance. Sin embargo, el mejor lugar para la "prueba del pellizco" es tal vez el músculo tríceps, en la parte posterior del brazo. También se puede medir la grasa en la cintura, en las pantorrillas, en los muslos, en las caderas y en las nalgas.

Si el espesor de la piel y de la capa subyacente es de más de doce milímetros, entonces hay allí mucha grasa. Y como la "prueba del pellizco" mide el doble del espesor, si hay más de dos centímetros y medio de grosor, quiere decir que hay demasiada grasa.

La prueba del espejo

Esta es tal vez la más cruel de todas. Si uno se para desnudo delante de un espejo de cuerpo entero, con una buena mirada sabe *exactamente* cuánta grasa le sobra... y en dónde está.

La prueba de la cinta métrica

Mídase la cintura y el pecho con una cinta métrica. Si la medida de la cintura excede la del pecho, usted tiene demasiada grasa en la cintura.

La prueba de la regla

Acuéstese boca arriba y sin ropa. Colóquese encima una regla de treinta centímetros, apoyando uno de sus extremos en la parte baja de la caja torácica y el otro en el hueso púbico. Si la regla descansa bien en los huesos (sin rozar la piel, en la mitad), es signo de que no hay exceso de grasa en el estómago. Si la regla se levanta, probablemente habrá que adelgazar de la cintura.

Las dietas que no sirven

El negocio de hacer adelgazar crece día a día. Ya ha llegado a ser la rama más amplia y más lucrativa de la industria del cuidado de la salud.

Teóricamente, perder peso es algo simple y concreto. Si uno pesa demasiado es porque ha estado consumiendo más alimentos que los que el organismo ha quemado para producir energía. El organismo sólo almacena grasa cuando uno ha estado comiendo más de lo que él necesita.

Tradicionalmente, el consejo que recibía quien quería adelgazar era que tenía que controlar su consumo de alimentos, para asegurarse de que sí estaba limitando su absorción de calorías. Mirando las tablas de calorías que muestran el contenido potencial de energía de los distintos alimentos, es posible contraponer la ingestión potencial de energía al gasto programado. Lo malo de contar las calorías es que es engorroso y aburridor y, como hace que los que quieren adelgazar se obsesionen con la comida, puede resultar contraproducente. Muchos terminan por no ser capaces de pensar en otra cosa que no sea la comida. Para eludir estos problemas, la industria del adelgazamiento ofrece a los futuros clientes una gran variedad de opciones. En seguida presento varias de las más conocidas... y las razones de por qué no funcionan.

La dieta milagrosa de un solo alimento

Las nuevas teorías sobre las dietas aparecen y desaparecen tan regular y predeciblemente como las estaciones. En los últimos años he visto numerosas dietas para adelgazar que dependían de un tipo particular de alimento, supuestamente dotado de virtudes milagrosas. Las cuatro dietas de "un alimento" que han tenido más éxito fueron la del huevo, la de la manzana, la de la toronja y la de la piña.

Quienes proponían la dieta del huevo afirmaban que éste contenía una enzima misteriosa que quemaba cualquier otro tipo de alimento, con tanta rapidez que ninguna grasa podía depositarse. Los defensores de la dieta de la manzana sostenían que esta fruta puede desintoxicar y purificar el organismo humano... y ayudar a llegar al peso que la persona quisiera, rápida y fácilmente. Quienes creían en la dieta de la toronja decían que ésta contenía enzimas especiales para quemar la grasa. Decían que cuantas más toronjas comiera uno, más adelgazaba. Teóricamente, si uno comía demasiadas toronjas podía desaparecer del todo. Finalmente, los que apoyaban la dieta de la piña sostenían que *su* fruta favorita contenía ingredientes mágicos capaces de convertir cualquier dieta con ella en un éxito resonante. Desgraciadamente, nunca ha habido ni la más remota prueba que apoye esas teorías que suenan tan estupendas. *No* existe ningún alimento con poderes mágicos que quien aspire a bajar de peso pueda utilizar para quemar lo que come o la grasa que le sobra.

Las píldoras de patente para adelgazar

Los anuncios son audaces y desvergonzados. Los argumentos son simples, pero impresionan. Las personas compran estos productos porque creen que podrán perder peso en forma segura, sin dolor y sin ningún esfuerzo. Las píldoras suelen ser caras, pero nunca tanto como para no comprarlas. La mayoría de ellas cabe en una de las tres siguientes categorías:

Primero están las píldoras que contienen algún laxante. Al hacer funcionar los intestinos con más frecuencia que la normal, pueden causar una pérdida de peso temporal. Sin embargo, el peso se recuperará invariablemente una vez que se suspendan. El mayor problema con esas píldoras es que, al suspenderlas, pueden producir estreñimiento.

Segundo, existen las píldoras que contienen un diurético, que es una sustancia que provoca pérdida masiva de líquido. Estas píldoras pueden ser peligrosas, puesto que al reducir el contenido de líquido en el cuerpo pueden causar un daño serio en los riñones. Además, son bastante inútiles, porque en cuanto la persona comienza de nuevo a tomar líquido recupera el peso perdido.

Tercero, hay unas píldoras que llenan el estómago de tal manera que uno pierde el apetito. También en este caso, el problema es que, una vez suspendidas las píldoras, la persona recupera el peso.

Las píldoras de formulación médica para adelgazar

Hoy en día hay algunas píldoras para adelgazar que tienen que ser formuladas por el médico. Algunas de ellas funcionan. Desgraciadamente, las más efectivas están relacionadas con un grupo de drogas llamadas anfetaminas, que con mucha frecuencia causan adicción. Muchas personas que las han utilizado, no han podido después prescindir de ellas; en consecuencia, ningún médico reputado las receta actualmente. Las desventajas a largo plazo sobrepasan ampliamente las ventajas inmediatas posibles.

La dieta pobre en grasas

Esta dieta consiste en eliminar todas las grasas, entre ellas la de la carne, la de la leche y sus derivados y la de cualquier otro alimento que contenga grasa. A pesar de que, como ya lo expliqué, la grasa es un asesino en potencia, no creo que una dieta baja en grasas sea, a largo plazo, una buena solución para un problema de peso. Suprimir todas las grasas no es una forma acertada de adelgazar juiciosa y eficazmente. La cuestión es que todo el mundo necesita cierta cantidad de grasa en su dieta. Sin grasa, la piel se seca y el cabello pierde salud. Si uno sigue por demasiado tiempo una dieta baja en grasa, puede sufrir una insuficiencia de vitaminas A y D, solubles en grasa. También existe el peligro de que, al carecer su alimentación totalmente de grasa, la persona llegue a padecer un grave trastorno mental.

La dieta rica en grasas

No me explico por qué, con regularidad, la dieta rica en grasas se vuelve tan popular y tan de moda. Se trata de comer grandes cantidades de comida frita, de mantequilla, de queso, de leche y de grasa proveniente de la carne. En mi concepto, esta es una manera repugnante y peligrosa de hacer dieta. Un régimen rico en grasas usualmente causa diarrea, y aunque por esta causa la persona pueda llegar a perder peso temporalmente, también perderá fluidos, vitaminas y minerales. Las consecuencias pueden ser muy graves. El otro peligro evidente es que una continua ingestión de grasas aumenta los riesgos de contraer una enfermedad cardíaca.

La dieta pobre en carbohidratos

Una vez más, ésta es una técnica dietética que no puedo recomendar. Todo el mundo necesita *cierta cantidad* de carbohidratos. Esta dieta puede conducir fácilmente al desaliento, al cansancio, a la irritabilidad y al vértigo.

La dieta rica en carbohidratos

La teoría es que comiendo grandes cantidades de pasteles, pan, bizcochos, azúcar y papas uno pierde peso. Como ya lo expliqué antes, la persona necesita cierta cantidad de carbohidratos (y la mayoría de la gente necesita más que eso), pero una dieta especialmente rica en carbohidratos no tiene sentido.

La dieta pobre en líquidos

Si uno sigue este régimen, puede comer cuanto quiera, siempre y cuando que suspenda su ingestión de líquidos. Creo que esta dieta es peligrosa e ineficaz. Es cierto que uno pierde peso, por la simple deshidratación; pero tarde o temprano tendrá que volver a tomar líquido (o si no, se muere), y, en ese momento, recuperará el peso perdido. La dieta baja en líquidos nunca podrá ofrecer más que una pérdida temporal de peso. Además, es peligrosa, porque, indudablemente, fuerza el trabajo de los riñones.

La dieta pobre en proteínas

Para lograr con esta dieta una pérdida de peso que valga la pena, uno tiene que disminuir la ingestión de proteínas hasta un nivel peligrosamente bajo. El organismo posiblemente comience a gastar sus propias reservas de proteína, y esto implicará que los músculos puedan desaparecer. Nada garantizará entonces que el primero en sufrir las consecuencias no sea el corazón. Una dieta baja en proteínas puede conducir a una muerte temprana.

La dieta rica en proteínas

Este es otro método peligroso de perder peso. Alguien a quien le funcionen mal los riñones o tenga una infección renal, fácilmente puede someter a sus riñones a un esfuerzo excesivo, de consecuencias desastrosas. Para reducir el riesgo, hay que beber grandes cantidades de agua diariamente, y esta ingestión adicional de líquido ¡causará posiblemente un aumento de peso!

Milagros quirúrgicos

Hoy en día hay un buen número de cirujanos que practican operaciones especiales para personas que no pueden perder peso. Las más comunes son las siguientes:

- *Atadura de las mandíbulas.* Para esto, se emplea un alambre de acero que liga las mandíbulas e impide que la persona coma. Esta técnica está considerada hoy totalmente inútil. Una vez retirado el alambre, la persona vuelve a recuperar con rapidez el peso perdido.
- *Reducción del estómago.* Al usar costuras para reducir el tamaño del estómago, se impide que la persona coma mucho de una sola vez; pero si come despacio puede burlar esa técnica.
- *Balones en el estómago.* Se trata de que la persona se sienta llena antes de comenzar a comer; pero las investigaciones han demostrado que esta técnica, simplemente, no funciona. Las personas con problemas de peso no siempre dejan de comer por no tener hambre.
- *Carnicería intestinal.* Algunos cirujanos cortan una gran porción de intestino para que la comida ingerida pase con más rapidez. El problema es que, con esta técnica, los pacientes sufren con frecuencia de diarrea permanente y severa, y, como los nutrimentos esenciales no se absorben, hay que tomar suplementos especiales.
- *Liposucción.* Consiste en que la grasa se extrae de los muslos con un tubo y con un equipo especial parecido a una aspiradora. La grasa se recoge en un recipiente y se tira a la basura. Esta técnica es tan útil para adelgazar como lo son los patines para el transporte familiar.

No creo que valga la pena ensayar ninguna de estas técnicas. Evidentemente, todas entrañan algún peligro, y todas las personas sensatas que quieran adelgazar deben evitarlas.

Aparatos para adelgazar

Aparatos de remo, bicicletas estáticas, danza aeróbica: he aquí tres de las técnicas que se recomiendan a los que quieren adelgazar. Es muy cierto que el ejercicio ayuda a esta clase de personas. Al fin y al cabo, uno sólo se engorda cuando la ingestión de comida excede la cantidad de energía que se quema mediante el ejercicio. Infortunadamente, el ejercicio quema muy poca energía. Muchas personas con problemas de peso difícilmente pueden hacer más de quince o treinta minutos de ejercicio fuerte al día, y esto, simplemente, no es suficiente. Para perder una cantidad de peso apreciable, uno tendría que hacer ejercicio varias horas al día.

Éstas son apenas unas cuantas de las técnicas que se recomiendan a las personas que quieren adelgazar. Hay muchas más, algunas todavía más extrañas. Por ejemplo, recientemente me enteré de una dieta ¡basada enteramente en "basura" empacada! Existen innumerables dietas para adelgazar y, según parece, una variedad sin fin de especialistas dispuestos a suministrar consejos sobre ellas; pero la triste, ineludible y última verdad es que la mayoría de estas técnicas están destinadas al fracaso desde el principio; una gran parte de la gente que busca adelgazar no lo logrará si pretende seguir cualquiera de estas dietas mágicas y milagrosas. Para demasiadas personas, entre las que siguen un régimen para adelgazar, el proceso se ajusta a una pauta completamente predecible. Comienzan con gran determinación. Al comienzo, funciona. No comen sino piña. Se mantienen en su dieta de apio y lechuga. Todas las mañanas gastan veinte minutos haciendo ejercicios en la bicicleta estática. Y pierden poco peso. A veces, sin embargo, sí puede darse una reducción de peso bastante espectacular, que haga que la persona sienta que tal vez "ésa" sí es la dieta para toda la vida.

No obstante, una semana (o tal vez un mes) después, la voluntad flaquea. El régimen se vuelve aburridor y poco atractivo. Poco a poco, la persona olvida la dieta, y los kilos perdidos reaparecen. El fracaso es inevitable porque, aunque existe una gran industria que vende consejos para adelgazar, todas esas dietas no son la respuesta para quien tiene problemas de peso. Si uno se pone a dieta, a lo más que puede aspirar es a una pérdida temporal de peso. Todos los regímenes para adelgazar están concebidos para seguirlos sólo durante un corto período. Uno no puede permanecer eternamente sometido a una dieta de plátanos. Las dietas aburren y enferman. Tarde o temprano, la persona acaba por dejarlas; y, si no ha cambiado sus antiguos malos hábitos alimentarios, en el momento en que el régimen se vuelva aburridor, agotador, penoso o incómodo, y la persona regrese a sus viejas costumbres, los kilos volverán de golpe otra vez.

La paradoja es que cualquier persona que *alguna vez* haya perdido peso temporalmente con una dieta, ¡puede adelgazar y permanecer delgada sin mayor esfuerzo! No hay reglas misteriosas que establezcan que, sólo porque uno ha sido gordo durante veinte años, tenga que seguir siéndolo toda la vida.

La verdad es que esas personas que pierden peso repetidamente, para ganarlo de nuevo y luego volverlo a perder, gastan en ello la fuerza de voluntad que necesitarían para adelgazar de una vez por todas. Si usted quiere de verdad perder peso en forma permanente, debe comenzar con la intención de que así sea. Olvídese de las dietas engañosas que sólo lo conducirán a una pérdida de peso temporal. Convénzase de que se adelgazará para siempre.

Debe planear un cambio permanente en sus hábitos de alimentación, y comenzar con la intención de *cambiar* de peso, en lugar de, simplemente, perderlo. Si de verdad quiere adelgazar para siempre, decida ahora que aprenderá a comer verde... y que dejará permanentemente sus malos hábitos alimentarios. Todo le resultará más fácil de lo que se imagina. Y si *alguna vez* ha tenido éxito con alguna dieta — aunque fuera sólo por una semana — le será fácil seguir mi programa.

Excusas que no debe darse

Todos buscamos disculpas cuando las cosas no salen bien. Está en la naturaleza humana tratar de encontrar una explicación externa. Cuando el pastel no sube, la cocinera culpará al horno o a la llamada telefónica que la interrumpió en un momento crucial. Cuando el conductor de un automóvil de carreras pierde, dirá que la culpa fue de los neumáticos, del motor, de los mecánicos o de la superficie de la carretera. Cuando un político pierde en las elecciones, dirá que fue por el clima, las trampas de la oposición o por la publicidad desleal. Cuando el escritor no vende, culpará al editor, a los libreros y a los distribuidores, y dirá que los críticos pasaron por alto su obra maestra.

Así que no tiene nada de sorprendente que, cuando una dieta falla, el interesado escoja por lo común una buena disculpa entre las muchas disponibles. Lo malo es que, desde luego, las excusas son, en general, insuficientes. En seguida me referiré a algunas de las que con mayor frecuencia aducen los que hacen dieta, junto con mi explicación de por qué realmente esas dietas no funcionan.

A mi pareja le gusto gordito

Ya no me acuerdo de cuántas veces habré oído esta disculpa. Se presenta con monótona regularidad... y ya comienza a volverse fatigante. Si usted siente la tentación de usar esta disculpa para tranquilizar la conciencia después de otro fracaso, entonces por qué no se pregunta si a su pareja le gusta usted *porque* es gordito ¡o *a pesar* de serlo! Ese puede ser un buen truco para ayudar a demoler esta disculpa para siempre. Desnúdese y sitúese frente a un espejo de cuerpo entero. Así es como lo ve su pareja.

Yo siempre he sido gordo; no puedo hacer nada para remediarlo

Estoy dispuesto a creer la primera parte de esta disculpa, pero no la segunda. Puede ser que usted haya sido gordo toda la vida, pero me temo que esto sólo es signo de que siempre ha estado comiendo más de lo que su organismo necesita. Si quiere adelgazar, puede hacerlo.

Tengo huesos grandes

¿Y eso qué? Los huesos pesan muy poco. Además, por grandes que sean, no explican los rollos de grasa. Si sus huesos son muy grandes, quizás puedan — sólo *quizás* — agregar unos cuantos kilos a su peso. Eso es todo.

Pero la comida es mi mayor felicidad, lo único que de verdad me gusta en la vida

¿Será ésta la *pura* verdad? Si es así, comience por examinar bien su vida. Gozar con la comida no tiene nada de malo, pero ésta sólo debe ocupar una *parte* de la vida; si la ocupa del todo, el sobrepeso no será el único problema que usted tenga que resolver.

Vivo demasiado ocupado para seguir una dieta

Si usted dice esto, se está burlando de sí mismo. Seguir una dieta no toma tiempo. No tiene que tardarse horas preparando menús para adelgazar o pesando cada porción de comida que va a llevarse a la boca. Lo único que tiene qué hacer es estar seguro de no comer sino cuando tenga hambre... y de parar cuando el hambre haya quedado satisfecha. Por ocupado que esté, de todos modos podrá hacer dieta con éxito y perder el exceso de grasa, en forma permanente. En realidad, piense en esto de manera lógica: puesto que

Enfrentarse al problema

comer toma tiempo, y usted vive ocupado, es evidente que, si gasta menos tiempo comiendo, tendrá más tiempo libre para el resto de las cosas de la vida.

Todo el mundo en mi familia es gordo

Probablemente todos comen demasiado. Es cierto que la gordura — o, mejor, la tendencia a engordar — puede ser hereditaria, pero es igualmente cierto que los malos hábitos alimentarios se transmiten de una generación a otra. Aunque usted no pueda cambiar su estatura o el color de sus ojos, sí *puede* cambiar su peso.

No puedo costearme una dieta

Esta disculpa habría sido válida cuando usted estuvo pensando en asistir a clases de danza aeróbica o en comprar paquetes de comida especial para adelgazar; pero la dieta verde es más barata que su vieja dieta. Al no tener que comprar grandes cantidades de carne, ¡usted *economizará* dinero!

Lo de adelgazar es un acto de discriminación sexual, y yo no voy a dejarme atrapar en eso

Durante los últimos años, muchos autores han tratado de probar que las mujeres que han intentado perder peso ha sido manipuladas por los hombres. Esto no tiene sentido. El argumento tiene más vacíos que una red de pescar. Cuando una mujer está delgada, probablemente resulta más atractiva para los hombres, eso es cierto; pero también estará logrando enormes beneficios para sí misma. Tendrá más salud. Podrá divertirse más. Podrá usar una variedad más extensa de vestidos. Y, posiblemente, vivirá por más tiempo. ¿Qué hay de discriminación sexual en esto?

Es por mi edad

He oído esta disculpa de labios de personas de 16, de 25, de 34, de 42, de 59 y de 67 años. Es casi tan válida como las promesas de los políticos.

No puedo hacer dieta porque tengo que comer fuera con mucha frecuencia

Comer fuera no implica comer demasiado... o engordar. Simplemente, escoja el plato que engorde menos, ¡y coma sólo lo necesario!

Usted puede pensar que soy cruel cuando intento "destruir" todas esas disculpas tan bien establecidas; pero sólo trato de ayudarlo a adelgazar. De nada serviría que yo estuviera de acuerdo con esas disculpas favoritas con que se justifican los fracasos. A largo término, mi comprensión no ayudaría para nada. Si usted quiere enfrentar el problema de exceso de peso eficazmente y de manera permanente, tendrá que aprender a olvidarse de las disculpas. *Siempre* habrá una disculpa disponible. Siempre habrá algo o alguien a quién culpar del sobrepeso... y del fracaso en mantenerse delgado. Si quiere *sinceramente* perder peso y permanecer delgado, necesita tener el valor de admitir que tiene problemas de peso porque su cuerpo no ha necesitado toda esa comida extra que usted ha consumido.

No permita que la dependencia de la comida arruine su dieta

Miles de personas con sobrepeso comen demasiado porque son adictas a la comida, no a cualquier comida (me ocuparé de la obsesión por la comida en general en la página 157), sino a algunos tipos específicos de ella. La comida puede causar

Enfrentarse al problema

tanta adicción como las drogas, y la irresistible urgencia de comer puede ser el impulso que esté echando a perder su dieta. Si usted depende de la comida, sus esfuerzos por adelgazar estarán destinados al fracaso, hasta que rompa tal sujeción. Hay dos clases principales de dependencia de la comida: la psicológica y la física. Me referiré primero a la psicológica porque es la más simple.

Dependencia psicológica de la comida

En una gran proporción, los hábitos alimentarios son creados por las circunstancias. Si, cuando usted era niño, sus padres premiaban su buen comportamiento y sus buenas acciones con comida, entonces usted asociará algunos alimentos a elogios y a un sentimiento de alegría. Millones de personas adoran las cosas dulces porque éste era el tipo de comida que los padres les daban con más frecuencia como premio.

Cuando una madre le da dulces a su niño porque fue "bueno", o le permite comerse el postre sólo cuando se haya terminado las verduras, lo está entrenando para asociar la comida al comportamiento, y le está enseñando malos hábitos que posiblemente lo acompañarán toda la vida. Del mismo modo, los padres pueden llevarlo a que odie ciertos alimentos cuando obligan al niño a comérselos. Por ejemplo, si los padres lo obligaron a usted a comer repollo aunque no le gustara o no quisiera comérselo, probablemente usted odiará aún el repollo y lo asociará al desagrado y a la infelicidad, y se sentirá desgraciado. (Dicho sea de paso, si sus padres lo hubieran premiado con verduras y le hubieran hecho comer dulces como castigo, ¡posiblemente ahora adoraría las espinacas y el repollo y odiaría los dulces!)

Dicho tipo de dependencia de la comida es causado por un proceso conocido como condicionamiento, que puede llegar a ser muy difícil de erradicar. Evidentemente, esta suerte de malos hábitos alimentarios es, en una alta proporción, la causa de la obesidad en estos tiempos. Todos tenemos un centro de control del apetito en el cerebro, y, si desde la niñez nos

PREGUNTA: *¿La carne crea adicción? ¿Si dejo de comer carne sufriré de síndrome de abstinencia?*

RESPUESTA: *La carne puede crear hábito, y la mayoría de las personas que dejan la carne sienten cierta ansia de ella por algunas semanas. Tal vez a usted le suceda que, al ir a comer con personas no vegetarianas, mire el plato de ellas con cierta envidia. Pero esa ansia desaparecerá, y después de unos pocos meses posiblemente usted se preguntará cómo pudo alguna vez comer algo tan repulsivo. Actualmente, yo encuentro el olor de la carne bastante nauseabundo, y la vista de un bistec o de un emparedado de tocineta ¡me revuelve el estómago!*

permitieran comer lo que quisiéramos, a la hora que quisiéramos y en las cantidades que deseáramos, entonces, a la larga, nos mantendríamos dentro del peso normal. Por medio de experimentos realizados con niños, se ha podido observar que el centro de control del apetito es perfectamente capaz de decidir por nosotros qué alimento debemos comer, y cuándo. Desgraciadamente, los condicionamientos paternos, a los que la mayoría de la gente tiene que estar sometida, destruyen esta aptitud natural y conducen a la confusión y al conflicto.

Los condicionamientos paternos no son la única fuerza activa, desde luego. Uno también se ve sometido a muchas otras presiones. Las mujeres, en particular, están siempre bajo la presión de tener que mantenerse dentro de las proporciones y el tamaño deseables. Durante la mayor parte del siglo xx, la figura "ideal" de la mujer, de acuerdo con los mandatos de los diseñadores de la moda y de la prensa de este género, ha sido fina y como de muchacho. Este tipo de coerción, cuando va acompañada de otras influencias sociales y paternas, puede conducir a la aparición de problemas tales como la anorexia nerviosa y la bulimia nerviosa. Estos problemas no constituyen dependencias sino trastornos relacionados con la actitud general hacia la comida.

Uno de los alimentos que con más frecuencia consumimos para nuestro deleite, es el chocolate. La propaganda nos ha

Enfrentarse al problema

enseñado durante años a asociar el chocolate a la infancia y a los tiempos felices. Así pues, no hay que sorprenderse de que la dependencia del chocolate sea una de las más comunes de todas. Además, esta dependencia no es solamente psicológica: también interviene en ella un fuerte elemento químico o fisiológico.

Dependencia fisiológica de la comida

Desde hace unos años vengo recibiendo incontables cartas de gente con dependencia del chocolate. Ineludiblemente, tal vez, todos han tenido problemas de peso; al fin y al cabo, el chocolate es extraordinariamente engordador.

Tal como ya lo había explicado, muchos se aficionan al chocolate porque éste es el alimento que más comúnmente hemos aprendido a asociar a sentimientos de "felicidad" y "contento". Basta con mirar las propagandas sobre el chocolate, para darse cuenta de que, invariablemente, se apoyan en esta clase de asociaciones. Las palabras "chocolate" y "amor" nunca están demasiado lejos la una de la otra. Así que cuando uno se está sintiendo solo, triste o aburrido, compra chocolates para levantarse el ánimo. Subconscientemente cree que está comprando amor, afecto y aprobación. Sin embargo, éste es solamente el aspecto psicológico de la dependencia del chocolate. También existe un factor químico en dicho proceso.

Hace unos años, tres expertos del Instituto Psiquiátrico del Estado de Nueva York explicaron este proceso, por primera vez. Descubrieron en el cerebro una sustancia natural llamada feniletilamina, que es bastante parecida a las anfetaminas. Esta sustancia es la que, en las personas normales y sanas, se hace cargo de los altibajos del enamoramiento. Uno se siente bien cuando está enamorado porque la cantidad de feniletilamina del cerebro se eleva excepcionalmente en ese momento. El placer que se siente entonces es similar al que experimenta un consumidor de anfetaminas. Y cuando una relación amorosa se termina, se sufre una especie de depresión parecida a la que se presenta comúnmente en un adicto a las anfetaminas cuando suspende la droga. Nos volvemos dependientes del chocolate porque con él nivelamos los altibajos cotidianos de nuestro estado de ánimo y porque lo podemos conseguir con prontitud y a un precio relativamente bajo.

Los científicos pensaban que el chocolate era el único alimento capaz de causar una verdadera dependencia física. No obstante, hoy en día ellos reconocen que es perfectamente posible volverse dependiente de muchos otros tipos de alimento. Algunos de los más frecuentes son el maíz, el trigo, la leche, el huevo y la papa. El tipo de dependencia que producen tiene características similares a las que causa el alcohol.

No es raro, por lo tanto, que la gente que se vuelve dependiente de un tipo específico de alimento, termine padeciendo, casi invariablemente, exceso de peso. Lo extraño es que si uno tiene este tipo de dependencia de la comida, es casi seguro que sea ¡porque sufre de una alergia a ese mismo tipo de alimento! Si hay uno o dos alimentos de los que uno cree que no puede prescindir, existen muchas probabilidades de que la pasión por ellos esté escondiendo una poderosa reacción alérgica.

Actualmente, los científicos saben que es posible ser alérgico a un tipo específico de comida, lo mismo que alguien que sufra de fiebre del heno puede ser afectado por el polen, o un paciente sensible a la penicilina puede presentar reacciones alérgicas a dicha droga. Los síntomas normales asociados con alergias a las comidas son, entre otros, el letargo, la depresión, el cansancio y la irritabilidad; pero, con frecuencia, pueden llegar a disimularse o a suprimirse ¡comiendo la misma comida que causó la alergia! Si esto resulta difícil de creer, hay que recordar que un paciente puede ser protegido contra los síntomas de la fiebre del heno ¡administrándole una serie de inyecciones que contengan ingredientes activos del polen al cual es alérgico!

Comer los alimentos a los cuales uno es alérgico disfraza los síntomas en forma muy eficaz, y hace que uno simplemente crea que no tiene fuerza de voluntad, y sienta un gran deseo de comer determinado alimento. Desde luego, cuanto más rico en calorías sea ese alimento, más probabilidades habrá de

Enfrentarse al problema

que provoque problemas de peso. Si uno es adicto al trigo y se come dos rebanadas extras de pan al día, ¡en un año habrá agregado más de seis kilos a su peso!

Algunos investigadores de los Estados Unidos han demostrado que la gente puede enviciarse con la comida en la misma forma como los alcohólicos se envician con el alcohol. En efecto, al estudiar a un grupo de estadounidenses alcohólicos se encontró que eran alérgicos al maíz, a la malta, al trigo, al centeno, a las uvas y a la papa. Por consiguiente, es posible que muchos alcohólicos beban demasiado porque son alérgicos a los alimentos básicos con los que se prepara su bebida favorita.

¿Cómo puedo saber si soy adicto a los alimentos?

Responda a las siguientes preguntas tan cuidadosa y sinceramente como pueda. Si responde "sí" a tres o más preguntas, hay muchas posibilidades de que sea adicto a la comida. El problema puede tener bases tanto psicológicas como fisiológicas.

1. ¿Le gusta mucho comer?
2. ¿A veces siente un gran deseo de comer algún alimento en particular?
3. ¿Piensa con frecuencia — o hasta se sueña — con comida?
4. ¿Tiene alguna alergia (por ejemplo, fiebre del heno, eccema o alergia a las drogas)?
5. ¿Hay algunos alimentos que coma todos los días?
6. ¿A veces se siente más feliz, más satisfecho o con mayor bienestar físico después de haber comido?
7. ¿Se pone susceptible o irritable si pasa mucho tiempo sin comer?
8. ¿Algunas veces se levanta de noche a comer algo?
9. ¿Ha sufrido de alergia a algún alimento?
10. ¿Algunas veces ha sufrido de jaquecas cuando ha dejado de comer su alimento favorito por algunas horas?

Cómo manejar la dependencia de la comida

Si usted es adicto a la comida, necesita manejar su problema ahora; si no lo hace, sus intentos de hacer dieta nunca podrán llegar a tener éxito. En seguida explicaré cómo darle un "golpe" a la dependencia de la comida:

1. Para comenzar, identifique la comida a la cual usted es adicto. Puede ser muy fácil identificarla; si no, cualquier comida que coma por lo menos cada tercer día puede considerarse sospechosa. Luego, elimine cada uno de esos alimentos — uno por uno — durante siete días seguidos. Después, introdúzcalos otra vez, uno por uno. Si es alérgico a alguno de ellos, se sentirá irritable cuando lo suspenda, y presentará síntomas desagradables (jaqueca, por ejemplo) durante las siguientes horas después de haberlo vuelto a comer. Sugiero que antes de comenzar el experimento consulte con el médico.

2. Cuando haya identificado el alimento al cual es adicto, tal vez le parezca más fácil disminuir su consumo en etapas cómodas. Por lo tanto, si cree que es adicto al chocolate, puede disminuir su consumo lentamente durante un período de una o dos semanas, del mismo modo como procedería con el cigarrillo si estuviera tratando de dejar de fumar. Y si se siente más valiente, lo hará "de golpe" y dejará el chocolate de la noche a la mañana; pero ¡cuidado! Puede llegar a sentir desagradables efectos secundarios por algunos días.

6
Los diez mayores secretos del éxito en un adelgazamiento permanente

Durante los últimos veinte años he tenido la oportunidad de hablar con miles de personas que querían adelgazar, y he mantenido correspondencia con miles más. Así, he aprendido que todos los que quieren adelgazar se enfrentan con las mismas dificultades básicas, y que deben superarlas si quieren triunfar en su empeño.

En seguida presento los diez pasos esenciales que usted debe dar si quiere seguir una dieta con éxito... y en forma duradera. Si lee con cuidado las recomendaciones que aparecen en las páginas siguientes, podrá perder peso — y permanecer delgado — sin necesidad de contar calorías, de realizar terribles sesiones de ejercicios y sin ningún menú fijo y aburridor.

Secreto No. 1

No olvide nunca *por qué* quiere perder peso

Muchas de las personas que quieren adelgazar soportan agonías interminables: pesan cada componente de la comida;

cuentan las calorías; realizan ejercicios difíciles, penosos y aburridores, y gastan una fortuna en equipo y en clases, sin, en realidad, tener nunca una idea clara de qué van a ganar con estar delgados. Si usted no sabe exactamente en qué va a beneficiarse por perder peso, seguramente fracasará. Para adelgazar con éxito, debe tomar conciencia de cuáles serán las ventajas de ello, y así estar debidamente incentivado. No permita que la dieta fracase por falta de incentivo. En seguida enumeraré sólo algunos de los beneficios de que usted podrá gozar si se libera del peso indeseado:

- Estará más sano.
- Podrá usar ropa más llamativa, y posiblemente también podrá comprar gangas en las ventas a precios especiales.
- Tendrá más confianza en sí mismo.
- Podrá gozar mucho más del deporte y de las reuniones sociales.

Probablemente usted pueda encontrar una docena más de ventajas. Búsquelas; piense en todo lo que su vida mejorará cuando pierda peso. Luego escriba estas razones y tenga la lista a mano, para mirarla varias veces al día. Y recuerde: si quiere adelgazar, sincera, genuina y con toda seriedad, lo conseguirá.

Secreto No. 2

Comience a fabricar abono orgánico

¿Estará usted entre aquéllos a quienes no les gusta dejar comida y tener que botarla a la basura? ¿O entre los que encuentran difícil dejar el tenedor y el cuchillo cuando todavía hay comida en el plato? ¿O entre los que, al retirar los platos de la mesa, se comen lo que haya quedado? ¿O entre los que se comen las migajas de la caja de los bizcochos?

Cuando dirigí una encuesta entre un grupo de personas que

estaban adelgazando, me encontré con que más de la mitad confesaba que se sentía terriblemente culpable cuando tenía que arrojar comida a la basura; que sólo un poco menos de la mitad admitía que prefería comérsela antes que botarla, y que un tercio, bastante avergonzado, aceptaba que con frecuencia consumía lo que otros dejaban.

Esta actitud tan precavida y llena de respeto hacia la comida es algo que la mayoría de nosotros adquirimos en la niñez. Nuestra madre nos animaba a comernos todo lo que teníamos en el plato, con el argumento de que había personas que estaban muriéndose de hambre y que estarían felices si tuvieran lo que nosotros estábamos dejando. En consecuencia, crecimos sintiéndonos culpables cada vez que dejábamos comida en el plato o la arrojábamos a la basura. Se podía (aunque con algunos remordimientos de conciencia) llegar a desechar ropa vieja o pasada de moda, pero nunca comida. Conozco a personas que hubieran preferido comerse un pedazo de queso rancio antes que tirarlo a la basura. Y otras que comían cosas que no les gustaban, para no tener que botarlas.

Todo eso es una tontería, ¿no es cierto? El cuerpo no necesita esas calorías, y toda esa comida, simplemente, quedará depositada en forma de grasa. Usted tendrá que gastar semanas en deshacerse de esos kilos que no hubiera tenido por qué ganarse. La verdad, por supuesto, es que usted no le ayuda a nadie con el hecho de convertir su estómago en basurero al comerse todas esas sobras indeseables. Nadie va a comer mejor en África o en la India porque usted no bote las sobras a la basura. Ni tampoco está salvando ninguna vida cuando se come esos desperdicios. En realidad, al perpetuar esos malos hábitos usted está causándole daño a su salud. Y cuando transmite esos hábitos (por ejemplo, a los niños) simplemente está creando nuevos problemas... sin resolver los viejos.

Sé que aprender a botar la comida a la basura puede ser difícil; esas viejas barreras de culpabilidad establecidas desde siempre pueden ser muy difíciles de romper. La única manera de vencerlas es practicando. Comience ya. Vaya a la cocina y mire en las alacenas o en el refrigerador, y arroje a la basura las sobras de comida viejas o que no le gusten, lo mismo que todas esas cosas que sabe que no va a usar. Si tiene jardín, comience a fabricar su abono orgánico: al saber que la comida que desecha será aprovechada, probablemente se sienta mejor.

En seguida, y para finalizar, anotaré algunos consejos adicionales que pueden serle de utilidad:

- Trate de ser más preciso en el cálculo de la cantidad de comida que la gente va a consumir. Muchos cocineros prefieren que sobre a que falte, especialmente cuando hay invitados.
- Si cree que tiene la tendencia a preparar demasiado, no lleve todo a la mesa. Deje algo en la cocina. Si es necesario, lo sacará luego; si no, puede meterlo en el refrigerador o en el congelador para usarlo en otra ocasión.
- Tenga una colección de recetas para preparar con lo que sobre de las comidas. Así, no se sentirá tan mal porque haya sobrado comida, pues podrá utilizarla más tarde.
- Tenga listos recipientes pequeños que puedan taparse para conservar allí los sobrantes.
- Recuerde que la comida "verde" es mucho más fácil de almacenar que la carne, y que los desperdicios "verdes" ¡son muy buenos para hacer abono orgánico!

Secreto No. 3

No coma golosinas por la noche

Ya tengo perdida la cuenta de todos los aspirantes a adelgazar que he conocido y cuyo problema principal era estar golosineando de noche. Durante el día casi no comían; pero por la noche, mientras miraban televisión, ¡no podían parar de comer! Y la mayor parte de las cosas que ingerían eran, por supuesto, extraordinariamente engordadoras: bizcochos, papas fritas, maní (cacahuete) y chocolates. La costumbre de comer durante esas veladas no tiene nada que ver con el hambre, sino con el aburrimiento. El que lo hace no se detiene aunque ya esté satisfecho, porque el hambre no es la causa de su proceder.

Lo peor de la costumbre de golosinear de noche es que la mayor parte de los alimentos que se consumen en ese momento no son necesarios; así que quedan depositados en forma de grasa. Algunas de las personas que quieren adelgazar piensan que no importa *cuándo* coma uno, con tal que no desborde los límites de ingestión de calorías; pero esto, simplemente, no es verdad. Las calorías que uno consume por la noche son mucho más dañinas que las de por la mañana.

Cuando uno ingiere quinientas calorías al desayuno, éstas se convierten en azúcar de la sangre en un tiempo relativamente corto. Y, como es muy probable que uno esté activo durante la mañana, el cuerpo tendrá que quemar este azúcar para satisfacer sus necesidades inmediatas de energía.

Sin embargo, si uno toma a la hora de la comida una ración de quinientas calorías, las consecuencias son bastante diferentes. Una vez más, las calorías se convertirán en azúcar de la sangre, pero para entonces el cuerpo no tendrá necesidad inmediata de ellas. Uno quema muchas menos calorías cuando está arrellanado en un sillón enfrente del televisor o recostado en la cama, que cuando está apresurándose con las compras y con el lavado de la ropa o yendo al trabajo. Por lo tanto, para evitar que el azúcar se eleve a niveles intolerables — y hasta peligrosos — mucha de la energía potencial no empleada se convierte en grasa que queda depositada en espera de ser usada en el futuro.

Cuando uno se despierta a la mañana siguiente — y comienza a alistarse para el nuevo día — el nivel del azúcar de la sangre habrá descendido otra vez. Y cuando usted vuelva a iniciar actividades, se sentirá muy hambriento. Además, el organismo necesitará suplementos de energía con bastante rapidez. En teoría, uno no debiera responder a esta sensación de hambre, puesto que el organismo ha guardado una buena cantidad de calorías provenientes de la comida de la noche anterior. Y si uno se olvidara de los ruidos del estómago y de la ligera sensación de aturdimiento, todo iría bien porque el cuerpo tomaría las energías necesarias de las calorías ingeridas la víspera.

No obstante, en la práctica esto no sucede así. Uno comerá más para obtener las energías necesarias a partir de suministros frescos de calorías; entonces, inevitablemente, los intentos de mantenerse dentro de una dieta quedarán hechos pedazos, habrá aumento de peso y las calorías que uno ingirió la noche anterior permanecerán almacenadas en espera de un futuro consumo.

Los siguientes consejos tienen por objeto ayudarle a usted a controlar con más eficiencia la costumbre de estar comiendo golosinas de noche:

- No compre golosinas engordadoras y ricas en calorías. Si no puede dejar de golosinear, coma galletas dietéticas o tome bebidas bajas en calorías. Tenga a la mano manzanas, bananos o naranjas, en lugar de paquetes de galletas engordadoras o de maní tostado.
- Trate de mantenerse ocupado por la noche. Una de las razones por las cuales muchas personas consideran más fácil evitar las golosinas durante el día es que en esas horas están ocupadas con otras cosas y no tienen mucho tiempo para pensar en comida o para sucumbir ante la tentación de comer golosinas. Trate de salir más por la noche; inscríbase en algún curso nocturno; practique un deporte o una afición que le exijan atención. Y si le dedica mucho tiempo a la televisión, teja o borde o haga croché... cualquier cosa que mantenga los dedos alejados de la caja de bizcochos.
- Si está tratando de romper los malos hábitos alimentarios, cambie de sitio todos los muebles de la sala de estar. Siéntese en otra silla a ver la televisión, o cambie de lugar la silla que más prefiere. Modifique las cosas sencillas, y le parecerá más fácil acabar con los malos hábitos (por esa razón, cambiarse a la dieta verde le facilitará la tarea de adelgazar).
- Compre golosinas vegetarianas en lugar de dulces o choco-

lates. Ni las nueces ni las frutas secas ni las uvas pasas son especialmente bajas en calorías, pero con ellas usted correrá menos riesgos de volverse dependiente ¡y de quedar atrapado por toda una caja llena de calorías! Por otra parte, podrá consolarse pensando que las golosinas vegetarianas tienen al menos algunas ventajas.

Secreto No. 4

Coma solamente cuando tenga hambre

Ya hace casi medio siglo que una de las investigaciones más notables que se hayan realizado jamás fue reseñada en una publicación médica estadounidense. El informe científico que describía esa investigación y sus sorprendentes conclusiones había sido olvidado hasta el momento en que tuve la oportunidad de desempolvarlo. Y, sin embargo, este solo experimento proporcionaba las bases de todos los programas razonables de adelgazamiento.

Mostraba el camino que podía conducir hacia el descubrimiento del centro de control del apetito: un impresionante mecanismo automático escondido en lo profundo del cerebro humano. El poder de ese centro de control único es bastante sorprendente: puede hacerse cargo de que la persona nunca pese demasiado o muy poco, y de que nunca carezca de las vitaminas o de los minerales esenciales.

El experimento fue llevado a cabo en los años veinte por la doctora Clara M. Davis, de Chicago, quien publicó sus resultados por primera vez en el *American Journal of Diseases of Children,* en octubre de 1928. La doctora Davis tenía tres propósitos. Quería saber si los bebés que acababan de dejar atrás el período de lactancia materna podían realizar lo siguiente:

1. Escoger su propia comida y comer lo suficiente para no morirse de hambre.

2. Seleccionar una dieta bien balanceada, sin ayuda ajena.
3. Escoger la comida apropiada que les ayudara a mantener la salud.

Los resultados fueron sorprendentes. La doctora Davis descubrió que, sin ninguna indicación, los infantes escogían dietas buenas y variadas. Sus índices de crecimiento, desarrollo, vigor y apariencia eran tan satisfactorios como los de los bebés que habían estado comiendo alimentos cuidadosamente seleccionados por expertos en dietética y nutrición. Los bebés comían la comida apropiada en el momento adecuado, y se mantenían en buen estado de salud.

Cinco años después, la doctora Davis mostró detalles de otras investigaciones que había realizado. Habiendo estudiado los casos de quince niños durante períodos de seis meses y cuatro años y medio, había llegado a la conclusión de que todos eran capaces de seleccionar una buena variedad de alimentos satisfactorios y de regular sus comidas para no ingerir ni demasiado ni muy poco. A pesar de que a ninguno de los niños se le había indicado qué comer, todos conservaron la salud. Sus hábitos alimentarios parecían no tener ninguna planificación, incluso eran caóticos; pero ninguno de los niños se quejó nunca de dolor de estómago, o sufrió estreñimiento, o se engordó siquiera un poco.

Algunos años después, durante la segunda guerra mundial, un experimento más amplio y complejo, organizado por médicos militares, mostró que cuando a los soldados les permitían comer todos los alimentos que querían, comían lo que su organismo requería de acuerdo con el medio ambiente. Sin ninguna indicación de un experto, los soldados escogían automáticamente una combinación de proteínas, grasas y carbohidratos apropiada para sus necesidades inmediatas.

La única conclusión que se puede sacar de estos experimentos es que, si uno escucha a su cuerpo — y come sólo cuando éste se lo pida — no podrá equivocarse mucho. Y si, además, se asegura de comer lo que el cuerpo le aconseje, y cuando éste se lo pida, no sólo mantendrá la salud sino que se conservará delgado.

En los últimos años les he explicado a muchos aspirantes a adelgazar, la importancia del centro de control del apetito. Y todos los que han aprendido a usarlo han ganado mucho en cuanto a confianza en sí mismos y a tener éxito en adelgazar. Por lo que yo sé, nunca han fallado. Todos los que han seguido las técnicas que les he trazado, basadas en la existencia de ese centro de control, han perdido peso con éxito y, lo que es más importante, se han mantenido delgados.

Al comienzo, sin embargo, casi todos estaban escépticos. "Si existe en mi cerebro un mecanismo tan maravilloso — decían —, ¿por qué entonces estoy gordo?"

La respuesta es fácil. La mayoría de los seres humanos han olvidado el arte de escuchar a su propio cuerpo, y han adquirido muchos malos hábitos alimentarios que han invalidado su centro de control del apetito. Ya no comen por la simple razón de tener hambre; comen también por toda suerte de motivos diferentes. El aburrimiento, el sentirse culpable y la depresión son quizá los tres mayores enemigos de todo aquel que quiera adelgazar. Miles y miles de mujeres y de hombres comen comúnmente no porque tengan hambre o porque lo *necesiten* sino porque están aburridos, se sienten culpables o están deprimidos.

El aburrimiento es uno de los problemas más comunes, aunque también de los más subestimados, de la sociedad actual. Afecta a millones de personas: a las que tienen un trabajo tedioso, rutinario y poco inspirador; a las que se han pensionado muy pronto, y a los desempleados. En una encuesta que dirigí hace poco, descubrí que el 87 por ciento de la gente con problemas de peso admitía que comúnmente comía para reanimarse, y el 91 por ciento de los que querían adelgazar declararon que por lo general comían por aburrimiento. ¿Podría usted decir, sinceramente, que nunca se ha encontrado masticando una galleta por la única razón de que estaba aburrido?

El único remedio, desde luego, es tratar de que su vida sea

más emocionante. Tome clases diurnas o nocturnas. Practique una afición que encuentre fascinadora y gratificante. O inicie un pequeño negocio en casa. Ninguna de estas actividades tiene por qué costar mucho dinero; sólo hay que invertirle tiempo y un poquito de esfuerzo. Si inicia algo que lo haga pensar, algo en qué ocupar la mente, tendrá muchas posibilidades de no aburrirse tan frecuentemente. Y no terminará tratando de aliviar el aburrimiento comiendo.

El sentimiento de culpa también es una fuerza conductora subestimada. Un buen número de los que quieren adelgazar no necesitan muchas razones para sentirse culpables. Se sienten así simplemente porque tienen sobrepeso. Les parece que están faltándose a sí mismos o a su pareja. Se sienten culpables por haberse permitido ganar tanto peso, o porque no han sido capaces de perderlo de nuevo. Apenas consumen algo que engorde, los agobia aún más la culpa. Toda esa culpa produce depresión y vergüenza, y la depresión y la vergüenza los conduce directamente a sentirse miserables y desgraciados. Con demasiada frecuencia, comer más es la respuesta.

Desde pequeños, aprendemos a asociar las emociones a los alimentos, como lo expliqué antes cuando me ocupé de la dependencia psicológica respecto de la comida. A lo largo de los años, gradualmente caemos en el hábito de asociar la felicidad a los alimentos, especialmente al dulce y a otros productos que engordan. La única manera de que usted corte estas ataduras es aprendiendo a reconfortarse de una manera que no le produzca aumento de peso. Llame a algún amigo si siente que lo atrae la caja de las galletas. Si se siente desgraciado, limpie a fondo la casa con la aspiradora o salga a dar un enérgico paseo, antes de sentirse tentado por la reconfortante manía de comer. Cómprese un libro, una revista o un disco, si se siente malhumorado. Regálese un ramo de flores o un nuevo vestido.

A lo largo de los años, miles de mujeres me han confesado que tenían problemas de peso porque habían permitido que sus emociones dirigieran sus hábitos alimentarios. Aún recuerdo la primera vez que hablé con un grupo de personas que querían adelgazar. Les pregunté a las mujeres cuál creían que fuera la causa de su problema de peso. Para mi sorpresa, ninguna de ellas había tratado de formularse esa pregunta nunca. Y, más sorprendente aún, ninguna de ellas pudo darme una respuesta seria. Todas se las arreglaron para contestarme en forma rápida, fácil, evasiva o tradicional.

— A mí me gusta demasiado la comida — me dijo un ama de casa de treinta y cinco años de edad.

— Yo, simplemente, no puedo decir "no" —, respondió con una sonrisita la administradora de una casa de banquetes a domicilio.

— Mis hormonas — contestó, sin creérselo de verdad, una madre de cuarenta y un años de edad y cuatro hijos. Ninguna de ellas pudo decir *realmente* por qué tenía un problema de peso, y, sin embargo, todas ellas querían desesperadamente adelgazar.

— ¿Aceptarían que pesan mucho porque comen demasiado? — les pregunté.

Una por una afirmaron que mi comentario era justo.

— ¿Entonces, para averiguar por qué todas ustedes tienen problemas de peso, lo único que tenemos que hacer es descubrir por qué comen demasiado?

Todo el grupo estuvo de acuerdo.

— ¿Cuándo comenzó su problema de gordura? — le pregunté al ama de casa.

Pensó cuidadosamente durante un momento.

— Cerca de un año después de haberme casado — dijo, por último.

— ¿Su peso era estable antes de ese momento?

— Subía y bajaba un poco, pero nunca fue mayor cosa — me dijo. Y agregó —: Fue después de casarme, cuando se convirtió en un gran problema.

— ¿Por qué? — le pregunté, lisa y llanamente.

No dijo nada durante un buen rato.

— Por varias razones — dijo, finalmente, con mucha seriedad —. Había dejado de trabajar, y me aburría en casa. Comencé a comer entre las comidas. Lo de siempre: galletas de chocolate, pasteles y cosas por el estilo. También comencé a tener problemas con mi suegra. Eso me trastornó tanto que terminé deprimida.

— ¿Entonces, comenzó a comer demasiado porque se sentía aburrida y deprimida?

El ama de casa asintió con la cabeza.

— ¿Y a usted qué le pasó? — dije, dirigiéndome a la administradora de la casa de banquetes.

— Yo he tenido siempre problemas de peso — respondió con firmeza.

— ¿Siempre? — le pregunté.

— Bueno, desde que tenía doce o trece años — replicó.

— ¿Podría recordar por qué comenzó a comer demasiado a esa edad?

De nuevo, la respuesta surgió después de un buen rato, pero surgió.

— Cuando tenía doce años tenía un busto enorme — dijo, ruborizándose un poco —. Eso me causaba muchos problemas. Estudiaba en un colegio mixto, y los muchachos hacían comentarios horribles. Cuando regresaba a la casa, lloraba. Mi madre siempre trataba de contentarme dándome cantidades de chocolates y cosas de ese estilo. Después de un tiempo noté que el peso que había ganado me ayudaba a que no se produjeran tantos comentarios groseros. Mi busto no se veía mucho cuando estaba gorda, así que los muchachos no se burlaron más.

— ¿Y desde entonces está gorda?

Ella asintió con un gesto.

— ¿Y usted? — le pregunté a la madre de cuatro hijos —. ¿Podría recordar cuándo comenzó su problema de peso?

— Comenzó cuando nació mi primer hijo — dijo —. Yo vivía siempre muy deprimida en esa época, y, además, mi marido tenía una aventura con alguien de la oficina; así que cuando yo no estaba gritándolo, estaba llorando a mares en la alcoba — hizo una breve pausa —. Entonces, comía para consolarme — admitió —. Así de simple.

No quiero decir que los casos de estas tres mujeres que

Los diez mayores secretos del éxito en un adelgazamiento permanente

querían adelgazar fueran típicos pero, ciertamente, tampoco eran extraordinarios. A lo largo de los años he oído miles y miles de historias similares.

Cada una de estas personas es diferente de las otras, claro está. Cada una ha llegado al exceso de peso por razones muy personales. Pero, cuando alguien tiene un problema serio de gordura, en el 99 por ciento de los casos la causa es que ha estado comiendo por toda clase de razones erradas: para olvidarse de la tristeza o para ayudarse a sobrellevar el aburrimiento. Entonces, es claro que una de las claves del éxito en adelgazar está en encontrar otros métodos que ayuden a manejar estos problemas, tan reales, y en aprender a considerar la comida más como un combustible que como un consuelo.

Hay muchas explicaciones de por qué la gente come demasiado. Basta con que usted se formule la pregunta que yo le hice a mi grupo: "¿A qué puede atribuir su problema de peso?" Después, trate de pensar en los días en que no estaba gordo, y luego reflexione acerca de cuáles fueron los cambios que influyeron en sus hábitos alimentarios. Es posible que algunas respuestas lo sorprendan.

La próxima vez que usted se descubra con un paquete de galletas o con un pedazo de pastel en la mano cuando en realidad no tiene hambre, analice sus sentimientos y descubra qué le pasa. Cuando haya encontrado qué impulsos lo dominan y lo hacen comer en exceso, habrá tomado el camino que lo llevará al control de su problema. Súbitamente, una gran cantidad de respuestas aparecerán con toda claridad.

Como muchos de los que quieren adelgazar, usted puede haber descubierto que come demasiado cuando se siente solo. Si esto es así, es muy importante conseguir nuevos amigos y revivir antiguas amistades. Afíliese a clubes o asociaciones, escriba cartas, llame por teléfono, búsquese un empleo de media jornada o colabore en una organización de voluntarios.

Cuando haya erradicado sus malos hábitos alimentarios, podrá concentrarse en aprender a *escuchar* a su cuerpo cuando éste le hable. Podrá aprender a comer sólo cuando tenga hambre y a abstenerse cuando se sienta satisfecho. Hay un truco simple pero muy efectivo que puede emplear: cada vez que vaya a llevarse un bocado a la boca, pregúntese: "¿Tengo hambre? ¿Necesito esto?" Después de un tiempo descubrirá que su habilidad para escuchar a su cuerpo habrá mejorado; con el tiempo, su centro de control del apetito habrá recuperado la autoridad que tiene por derecho propio sobre sus hábitos alimentarios.

Secreto No. 5

Fíjese objetivos fáciles de cumplir

De diez personas que quieren adelgazar, nueve se fijan objetivos imposibles de cumplir. Cuando deciden comenzar a adelgazar, se saltan etapas, calculan cuánto peso deben perder y aspiran a lograrlo en un mes. Conozco personas que se habían propuesto perder de 18 a 22 kilos en algo así como seis u ocho semanas, y otras que se sentían decepcionadas porque no habían podido deshacerse en quince días de la grasa acumulada en toda una vida. Un cuestionario que repartí entre personas que querían adelgazar mostró que un aplastante 89 por ciento se había propuesto llegar a un peso demasiado bajo para ellas; además, casi todos esperaban perder peso con una rapidez perfectamente irreal.

Si usted se fija objetivos imposibles de cumplir (tanto en lo que se refiere al peso como a la rapidez) fracasará. Y si fracasa, se deprimirá. Abandonará la dieta y regresará a los viejos hábitos alimentarios. El fracaso genera fracaso.

Entonces, comience por fijarse un objetivo realista. En las tablas de medidas de las páginas 122 y 123 puede encontrar el peso promedio que corresponde a su estatura. Después, busque en la columna del peso ideal cuál sería el aceptable para su estatura. Piense bien antes de decidirse por un peso en especial. No espere que a los cuarenta tenga el mismo peso que a los dieciséis, ni la esbeltez de una modelo si ya tiene tres hijos.

Sea práctico. Sea realista. Recuerde que de nada sirve fijarse como meta niveles a los que nunca podrá llegar... ni mucho menos mantener.

Luego calcule cuánto peso tiene que perder en total y el tiempo que necesitará para ello. Puede partir de la base de un kilo por semana. Esta es una cantidad razonable y posible. Si logra bajarla, en tres meses habrá perdido 12 kilos; en seis meses, 24 kilos; ¡y en un año puede haber perdido 45 kilos! Si adelgaza más de un kilo por semana, posiblemente se cansará y se sentirá débil y enfermo, y pondrá en peligro su salud física y mental; además, se estará arriesgando al fracaso.

Una vez calculado el peso que necesita perder — y cuánto tiempo gastará en ello — olvídese de esos cálculos y fíjese algunas metas a corto plazo. Decida, por ejemplo, que en las próximas dos semanas perderá 2 kilos, y que en el próximo mes 4 kilos. No necesita concentrarse en nada más. Al fijarse esas metas cercanas y realistas, tendrá muchas más posibilidades de éxito. Y si tiene éxito, será un triunfador. Se sentirá muy satisfecho y capaz de adelgazar. Se sentirá muy bien. Su confianza en sí mismo habrá crecido, y así podrá emprender el camino hacia la *próxima* meta con entusiasmo renovado y con confianza.

Secreto No. 6

Tome la comida por lo que es

Desde que comencé a escribir sobre cómo adelgazar he venido recibiendo un flujo continuo de cartas de personas obsesionadas por la comida y por la pérdida de peso. Aquí está una carta típica:

> Por favor, ayúdeme. Estoy obsesionado por la comida y por las dietas, y esto está convirtiendo mi vida en una desgracia. Me siento realmente avergonzado. Sé que debería poder ayudarme a mí mismo, pero no puedo. Desde que me despierto casi no puedo pensar en otra cosa que no sea comida. No hago más que comer,

comer y comer. Por la mañana pienso en lo que voy a comer por la noche, y por la noche pienso en lo que voy a comer al otro día. Paso una gran parte de mi tiempo leyendo sobre dietas y también coleccionando artículos de revistas que tratan de cómo adelgazar. Estoy gordo, me he vuelto una persona aburrida, y estoy enfermo de preocupación. Por favor, ¿podría ayudarme?

Este tipo de obsesión por la comida es extremadamente común, y no es para sentirse avergonzado. Es muy frecuente que cuando las personas se dan cuenta de que tienen exceso de peso, comiencen a esforzarse tanto por adelgazar, que ya no pueden pensar en otra cosa. Cuentan las calorías, buscan comidas para adelgazar, leen libros sobre dietas todo el día y dedican su vida a conseguir la esbeltez. Con el tiempo, la obsesión por las dietas se convierte en obsesión por la comida.

Perder peso es importante, por supuesto, si hay exceso de él. Eso lo comprendo muy bien: he conocido un número suficiente de personas que querían adelgazar, cuya vida había sido arruinada por el exceso de peso. Pero adelgazar no es, ni debe ser, lo *único* importante en la vida. Y debe mirarse con cierta perspectiva.

La única manera de combatir este problema en particular no es concentrándose en él (esto, simplemente, empeorará las cosas) sino haciendo exactamente lo contrario. Ponga empeño en interesarse y entusiasmarse por otras cosas, de modo que la obsesión por la comida no encuentre lugar. Comience por definir cuales son sus otros intereses en la vida. Haga una lista de las personas, las ambiciones y las cosas que en verdad representen algo para usted. No se olvide de incluir los aspectos más simples de la vida. Después de las personas, uno tiende a pensar que las casas, los automóviles y los vestidos son las cosas más importantes de la existencia. Puede que así sea; pero también hay otros placeres cuyo disfrute no cuesta ni un centavo: acostarse boca arriba a contemplar cómo flotan las nubes, tener un gato acurrucado en el regazo, pasar un cálido día en la playa, caminar bajo la llovizna en verano, sentarse al calor de los troncos llameantes de una vieja chimenea.

Trate de contemplar en perspectiva los demás aspectos de su existencia. Propóngase recordar cuáles eran sus ambiciones de adolescente. ¿Qué esperaba hacer de su vida? Es posible que algunas de esas cosas sean irrealizables ahora, pero muchos de los sueños de entonces quizá aún sean alcanzables. Todavía puede escribir un libro, comenzar a pintar o aprender a bailar bien de verdad. Para todo eso no necesita demasiado dinero; sólo tiempo y paciencia. En las bibliotecas puede obtener todos los libros que necesite, y para las clases hay muchas instituciones disponibles.

Piense en el trabajo. ¿Quisiera hacer algo más satisfactorio? ¿O alguna otra cosa para ganarse la vida? ¿Le conviene tomar un nuevo curso de capacitación? ¿Qué tal aprender más sobre jardinería o sobre el cuidado de los animales? ¿Le gustaría tomar un curso de mecánica de automóviles?

No importa *qué* haga, con tal que le agregue cosas nuevas a su vida. Si lo hace, se beneficiará doblemente. Por una parte, gozará con las emociones y los placeres de una ocupación o de una afición nuevas. Por otra, al dedicarse a cultivar sus nuevas aficiones, no le quedará tiempo para preocuparse por la comida.

La mejor manera de combatir una obsesión no es darse de cabeza contra ella, sino colocarla en su lugar.

Secreto No. 7

Confíe en sí mismo

La confianza en sí mismo es muy importante en cualquier cosa que uno haga. Si uno toma una pila de platos con confianza, posiblemente podrá llevarlos indemnes a la cocina; pero si, al contrario, piensa que se le caerán, probablemente así ocurrirá. Y si uno conduce un automóvil con la idea de que se estrellará, es probable que así ocurra.

De la misma manera, si usted comienza una dieta con la certidumbre de que va a fracasar, probablemente fracasará.

Unos cuantos meses después estará de nuevo preocupado por el peso, convencido de que ninguna dieta del mundo podrá servirle. Sin embargo, aunque parezca mentira, muchos de los candidatos a adelgazar parecen *orgullosos* de su falta de confianza en sí mismos. Me llegan cantidades de cartas que dicen cosas como: "Yo soy el peor del mundo para adelgazar", "Yo no soy bueno para las dietas" o "Usted no va a tener ningún éxito conmigo".

Si piensa perder peso en forma permanente, tiene que tener confianza en su habilidad para adelgazar con éxito. Debe poder decirse: "Voy a poder hacerlo. Podré perder peso". En otras palabras, necesitará aprender a tener confianza en *sí mismo*. Hay varias cosas que usted puede hacer para adquirir confianza en sí mismo:

1. Si le hace falta confianza en sí mismo, es muy probable que, aunque conozca sus debilidades, no conozca sus virtudes. Posiblemente sea más bien tímido y reservado (aunque los demás no se den cuenta de ello) y tenga sin duda poca fe en sus habilidades.

Para contrarrestar estos temores, siéntese, provisto de papel y lápiz, a escribir todas las cosas buenas que puedan ocurrírsele acerca de sí mismo. Todo. Imagínese que está escribiendo una propaganda acerca de sí mismo y que tiene que escoger sus mejores características. Posiblemente quedará asombrado de ver cuántas virtudes tiene. La gente tímida y carente de confianza en sí misma tiende a ser, más que nadie, recta, generosa, considerada y trabajadora. Posiblemente usted tenga un alto sentido de la moral y sea cuidadoso, puntual, amable, tenga aspiraciones y sea creativo. La lista debe contener los atributos físicos y los mentales. Si tiene hermoso pelo, escríbalo, lo mismo que si tiene ojos bonitos o pies muy bien formados. Ponga en la lista todo lo bueno que pueda decir de sí mismo. Después estudie esos elementos "publicitarios" tan a menudo como pueda, a fin de forjar su propio concepto de sí mismo.

2. Aprenda a considerar las cosas en sus justas proporciones. Muchos de los que están un poco pasados de peso se

consideran "fracasados". ¡Qué insensatez! ¿Descalificaría usted a alguien en forma tan indigna sólo porque tuviera una imperfección o algo que a usted no le gusta? Claro que no. ¿Entonces, por qué otra gente tendría que mirarlo con desprecio sólo porque está pasado de peso? ¿Rechazaría usted a alguien como posible amigo o socio o cliente sólo porque es flaco o calvo o porque tiene manos pequeñas?

3. No se sienta avergonzado de su peso. Si está gordo, probablemente existan algunas razones muy válidas para que así sea. Este libro le habrá ayudado a descubrir cuáles son esas razones, y ahora podrá comenzar a resolver sus problemas de peso en forma permanente. No se avergüence nunca de su peso ni de su estatura ni del color de su pelo. Hasta ahora, posiblemente, había tenido tan poco control de su peso como de su estatura; pero ahora que *sabe* por qué está gordo, podrá manejar su problema en forma rápida y con éxito.

Cuando se las haya arreglado para cambiar lo que usted siente con respecto a sí mismo, manejará mucho mejor, creo yo, su problema de peso. Con más confianza en sí mismo, y con más seguridad, podrá encarar su problema de peso desde un ángulo totalmente diferente. Cuanta más fe tenga en sí mismo, mayor será el éxito de su dieta.

Secreto No. 8

Piense más en sí mismo. Sea más egoísta

Quiero contarle los casos de algunos de mis pacientes. Primero, el de una señora a quien llamaré Marta. Cuando la conocí, parecía muy desgraciada. Tenía un sobrepeso de 39 kilos, y se sentía muy avergonzada por esto. Me dijo que uno de sus mayores problemas era que, como esposa y madre de tres hijos, casi nunca paraba de cocinar.

— Mi esposo se molesta si no como con él — me dijo —. Y lo mismo pasa con mis hijos. Piensan que algo malo está sucediendo si no me siento a comer con ellos.

El problema de Marta era que nunca, nunca era egoísta. Nunca pensaba en ella o en lo que quería. Siempre estaba demasiado dispuesta a servir a los demás, y no pensaba en sus propias necesidades. Sólo pudo arreglárselas para manejar con éxito su problema de gordura cuando se liberó de su casa y tomó un trabajo de media jornada. No estar en casa todo el día le permitió vivir su propia vida un poco más. Y pronto descubrió que podía valerse por sí misma.

A Marta se le había olvidado pensar en ella misma como en una persona, y en que tenía derechos y necesidades. Su familia la trataba como si fuera un mueble más de la cocina.

Mi segunda paciente era una señora a quien llamaré Teresa. Su problema consistía en que era más amable de lo que le convenía. Cuando la conocí era tal su ansiedad por no ofender a nadie, que todo el mundo abusaba de esto. Me dijo que los almuerzos de los domingos con su familia política eran su mayor problema.

— Son gente muy simpática — dijo — pero mi suegra es una de esas personas que se ofenden mucho si uno no repite en cada comida. Yo siempre termino comiendo demasiado, aunque no quiera, y arruinando mis intentos de dieta. Resolví renunciar a adelgazar porque sé que todos mis esfuerzos de la semana quedarán destruidos el domingo.

Teresa, como lo descubrí en seguida, era una de esas buenas personas que siempre están haciéndoles a los demás diligencias que ellos mismos podrían hacer, y que siempre están cuidando a los niños mientras los demás van al cine o a una fiesta. Yo le expliqué que sólo lograría seguir una dieta con éxito si cambiaba su actitud y se daba cuenta de que no tenía que ser descortés o agresiva para hacer algo por sí misma.

Ella quería saber si yo podía sugerirle alguna disculpa que pudiera usar a la hora de rechazar la comida extra que no quería comer, pero le contesté que las disculpas no eran buenas.

— Si usted no quiere comer más, debe decirlo...amable pero firmemente — le dije —. Si trata de dar explicaciones o de excusarse, acabará enredándose, y la manipularán hasta acorralarla. Entonces, por ejemplo, si trata de evitar comer más, aduciendo que está a dieta, la dueña de casa puede desarmarla con un cumplido: le dirá que no necesita adelgazar, que como está se ve estupenda. Y si efectivamente le dice eso, es probable que usted se sienta desconcertada, halagada y turbada... y antes que se dé cuenta tendrá un montón de comida en el plato.

Le dije a Teresa que lo que tenía que decir era algo simple y directo como:

— Creo que no voy a poder comer ni un bocado más, pero estaba absolutamente delicioso.

— ¿Pero no pensarán que soy descortés? — me preguntó.

— ¿Le parecería que un invitado es descortés con usted si le respondiera eso? — le pregunté.

— ¡Claro que no! — replicó.

— Ahí tiene la respuesta — le aseguré —. Si alguien la presiona cuando usted ya ha dicho "no", entonces *esa* persona es descortés, no usted.

Por último, quiero referirme a Belinda. Estaba en sus veinte años cuando la conocí, y se sentía muy deprimida.

Me dijo que después de años de gordura había logrado adelgazar mucho y llegar a su peso ideal cuando tenía veintidós años.

— Tuve que hacer un gran esfuerzo — me dijo —. Pero estaba decidida de verdad, y al fin lo logré.

La miré, confundido. Era evidente que tenía muchos kilos de más.

— Me los gané de nuevo — dijo, entre lágrimas —. Gasté nueve meses en perderlos y tres meses en recuperarlos.

Me dijo que, un día que estaba almorzando con su mejor amiga, ésta le había dicho que era una tontería que estuviera haciendo dieta.

— Me dijo que me veía flaca y sin salud y que estaba enfermando y que debía comenzar a comer bien de nuevo — dijo Belinda.

— ¿Y usted cómo se sentía? — le pregunté.

— Yo creía que me veía muy bien — respondió —. En

verdad, estaba contentísima con mi peso. Me sentía más saludable de lo que había estado en años.

— ¿Pero?

— Me dejé persuadir por ella y comí muchísimo, cuando lo único que hubiera querido era un refrigerio y, como una cosa lleva a la otra, antes de darme cuenta ya había recuperado todos los kilos perdidos.

Estas tres aspirantes a adelgazar tenían algo en común: se habían dejado manejar demasiado por otros en sus asuntos de comida. Las tres necesitaban mostrarse más dueñas de sí mismas.

Este problema es muy común. Todos los días oigo hablar de personas que han arruinado su dieta porque no les gustaba la idea de decir "No". Comen porque les preocupa ofender a la gente. Aceptan alimentos que realmente no desean, sólo para no herir a los demás. Les resulta muy difícil decir que no cuando la anfitriona les pone otro pedazo de pastel en el plato. Sus buenas intenciones se derrumban ante esta "amabilidad". Cuando le pregunté a un grupo de personas interesadas en adelgazar con qué frecuencia les sucedía que comieran cosas que no deseaban, sólo por la presión de otros, tres cuartas partes respondieron que siempre comían todo lo que les ofrecían los amigos, ¡y dos tercios me dijeron que también habían aceptado repetir sin querer!

La mayor parte de los que tienen dificultades para decir "No" confiesan su temor de ofender a los demás. Sin embargo, ningún amigo verdadero va a molestarse si usted no acepta comer lo que no quiere. Y, como ya lo dije, usted no tiene necesidad de ser descortés o agresivo para rehusar algún alimento.

Si usted tiene este problema — y le cuesta trabajo decir "No" con firme determinación — practique mentalmente cómo rechazar la comida. Imagínese que está en una cena y que la dueña de casa intenta ponerle otra ración de postre en el plato. Usted puede entonces decirle "No" muy firmemente, pero con buenas maneras. Decirle que la comida está deliciosa y que le gustó muchísimo pero que realmente no puede comer más. Cuanto más ensaye, más fácil le será poner en práctica el proceder que desea, cuando se presente la ocasión. Sin embargo, recuerde: No es descortés decir "No", ¡pero sí lo es obligar a las personas a comer lo que no quieren!

Secreto No. 9

Piense que está delgado (y con buena figura)

Nunca sobreestime — o subestime — el poder de su mente. Sus posibilidades de seguir una dieta con éxito pueden mejorar enormemente si se imagina a sí mismo delgado, si se piensa con la figura que siempre ha querido tener. En efecto, muchos expertos declaran que el único y más importante factor que puede decidir si uno logrará el peso y la figura deseados, es su propia actitud mental.

La primera vez que me di cuenta del extraordinario poder de la mente — y en particular de la imaginación — fue cuando leí una información sobre algo que había sucedido cuando la película *Lawrence de Arabia* fue proyectada, en los años sesenta. La cinta contenía una cantidad de largas escenas en las cuales se veía a Peter O'Toole, la estrella, recorriendo el desierto a lomo de camello. Se veía con claridad que estaba acalorado, cansado y sediento. En casi todas las salas de cine en donde se proyectó la película, los administradores notaron la misma cosa: las ventas de bebidas frías y de helados se multiplicaron. La única posible conclusión era que las escenas en el desierto habían hecho que los espectadores se sintieran muy acalorados, y que su organismo respondiera a lo que estaban viendo en la pantalla. Usted puede ver la influencia de la imaginación en su organismo la próxima vez que se presente una película de ese estilo en la televisión, o cuando vea con otras personas una videocinta. Si la película contiene muchas escenas de exploradores en la Antártida amontonados en pequeñas tiendas, con la barba llena de hielo y con sus sacos de dormir cubiertos de carámbanos, probablemente los espectadores comenzarán a quejarse de frío y querrán encender la chimenea. Si la película es de terror, poblada de escenas en pasajes oscuros y de tétricos asesinos, los espectadores se comerán las uñas, se taparán la cara y saldrán del cuarto durante los anuncios para ver si la puerta trasera está bien cerrada con candado y cadena.

Desde luego, usted no necesita ver una película para percibir el trabajo de la imaginación: si simplemente lee un libro, sentirá el mismo efecto. Si la historia es triste, las lágrimas comenzarán a rodarle por las mejillas. Si la historia es dramática y usted está preocupado por la suerte del héroe, el corazón comenzará a latirle con más rapidez. Si la historia es de terror, el pelo de la parte posterior del cuello se le erizará. En cada uno de estos casos el cuerpo estará respondiendo no a la realidad (en el mundo real usted puede estar acostado o en el baño) sino a la imaginación. Usted también puede probar la fuerza de la imaginación de otra manera. Ponga un tablón en el suelo y trate de caminar a lo largo de él; encontrará que la operación es ridículamente sencilla; pero si lo hace pensando que el tablón está suspendido a cientos de metros de altura, y que si se cae se estrellará contra las rocas, y trata de imaginarse el enorme abismo que hay debajo, *entonces* encontrará mucho más difícil caminar sobre dicho tablón, aunque el ancho de éste no haya cambiado, y todavía esté en el suelo.

Uno de los primeros experimentos ideados para probar el poder de la imaginación humana se realizó hace algunos años. Los investigadores escogieron un amplio grupo de personas que no tenían nada en común entre ellas fuera del hecho de que ninguna había jugado nunca al baloncesto. Después de haber pasado un día practicando el juego, los voluntarios fueron divididos en tres grupos.

Al primer grupo le advirtieron que no jugara al baloncesto en absoluto. Que ni siquiera pensara en ese juego.

Al segundo grupo le dijeron que practicara todos los días durante diez minutos.

A los del tercer grupo les pidieron que durante diez minutos cada día se *imaginaran* encestando el balón.

Al cabo de un mes, los del primer grupo sabían de baloncesto tanto como al comienzo del experimento. Los otros dos grupos, sin embargo, habían adelantado, y en proporciones similares. Los jugadores que habían estado en el campo encestando el balón habían progresado el 24 por ciento. Y los jugadores que habían gastado diez minutos diarios *imaginando* que encestaban el balón habían progresado un sorprendente 23 por ciento.

Algunos médicos han realizado experimentos para mostrar el tremendo poder que la imaginación tiene sobre el cuerpo. Por ejemplo, en los Estados Unidos unos científicos pidieron a un grupo de voluntarios que pusieran la mano derecha en agua helada y que la mantuvieran allí lo más que pudieran. Si esto parece fácil, ¡basta con probarlo! Al cabo de unos cuantos segundos, mantener la mano metida en agua helada resulta verdaderamente doloroso. La mano se resiente... ¡y pronto se lo comunica al cerebro!

Después, en la segunda parte del experimento, los científicos les pidieron a los voluntarios que trataran de imaginarse escenas agradables mientras tuvieran metida la mano en el agua helada. Les dijeron que se imaginaran que, en vez de estar sentados en un laboratorio, estaban en un lugar apacible y bellísimo, contemplando un magnífico lago, brillante y azul. Que el día era cálido y que el agua estaba fría y refrescante. Los resultados fueron impresionantes. Durante el segundo experimento, prácticamente todos los voluntarios lograron mantener la mano en el agua helada por un tiempo mucho mayor que antes.

Recientemente, los médicos han aprovechado de varias maneras prácticas los notables poderes de la imaginación humana (por ejemplo, para ayudar a los pacientes a vencer el cáncer). La jaqueca, que es uno de los problemas crónicos más comunes, ahora se trata en forma regular con la ayuda de la imaginación. Las víctimas de jaquecas sufren de dolores de cabeza, náuseas, cambios de humor, sensibilidad a la luz y al ruido, irritación de los ojos, obstrucción de la nariz y un montón de otros síntomas desagradables. Los dolores de cabeza pueden ser particularmente severos y difíciles de tratar. Aunque todavía hay muchos misterios acerca de qué sucede exactamente durante un ataque de jaqueca, parece ser que estos problemas son en gran medida el resultado de la respuesta del organismo al estrés. El organismo, engañado en cuanto a sus posibilidades de enfrentarse al estrés preparando los músculos para una acción inmediata, aumenta el suministro de sangre a los músculos y disminuye el flujo al cerebro. Luego, cuando la amenaza parece estar cediendo, los vasos sanguíneos se expanden de nuevo y la sangre fluye otra vez por ellos. Parece que este flujo renovado de sangre es la causa del dolor que la jaqueca produce.

Muchos de estos pacientes pueden disminuir la severidad de los ataques evitando el estrés, aprendiendo a convivir con la presión de manera más eficiente, dejando de comer ciertos alimentos y usando drogas que interfieran la vasoconstricción; pero esas técnicas no siempre son muy eficaces, y en los últimos años los investigadores han demostrado que es completamente posible reemplazarlas por el uso del poder de la imaginación.

Evitar el progreso de una jaqueca implica detener la constricción de los vasos sanguíneos. ¿Pero cómo? Al fin y al cabo, uno no puede ver ni sentir las arterias del cerebro; entonces, ¿qué posibilidades hay de saber si los esfuerzos empleados han servido? Una persona se dio cuenta de que quienes sufrían de jaquecas, tenían con frecuencia las manos y los pies fríos, y otra agregó que cuando los vasos sanguíneos que suministran la sangre al cerebro se constriñen por la respuesta del cuerpo al estrés, los vasos que van a la piel, a las manos y a los pies sufren el mismo proceso. ¡Esto proporcionó la clave!

Porque, aunque uno no pueda decir qué está sucediendo en las arterias que van al cerebro, *sí puede* saber si los intentos de dilatar los vasos sanguíneos de las manos han tenido éxito. Por tanto, para vencer la jaqueca, la persona tiene que hacer un esfuerzo consciente para desviar la sangre hacia el sistema periférico que alimenta las manos. Si lo logra, y consigue que las manos se le calienten, también estará mandando sangre hacia los vasos del cerebro y, por tanto, estará evitando el ataque de jaqueca. Aunque esto parezca extraordinario, la verdad simple y clara es que funciona. Miles de personas están empleando ahora esta sencilla técnica para dominar el dolor que antes parecía incontrolable.

Quiero hablar, por último, de un experimento que es de los más extraordinarios que se hayan realizado nunca y que prueba, sin lugar a dudas, cuán notable y de amplio alcance es el poder que la mente puede ejercer sobre el cuerpo. El experimento muestra cómo, simplemente mediante el empleo de la imaginación, algunas mujeres pudieron hacer crecer sus senos y modificar su forma.

La técnica depende de tres hechos. Primero, los senos de una mujer crecen y se hinchan cuando ésta se encuentra sexualmente excitada, a causa del aumento de irrigación sanguínea que se produce en los tejidos. Este aumento es temporal, lo mismo que la hinchazón de los senos. Segundo, todos los nutrimentos necesarios para el desarrollo de los tejidos los transporta el torrente sanguíneo, y si una parte del cuerpo tiene una buena irrigación, estará sana y crecerá más que si tiene un mal suministro de sangre. Tercero (como ya lo expliqué), es completamente posible hacer aumentar la irrigación sanguínea de una parte determinada del cuerpo simplemente usando la imaginación.

El experimento produjo sobresalientes y categóricos resultados. Las voluntarias obtuvieron un crecimiento significativo y permanente de los senos: el 85 por ciento de ellas confirmaron que éstos habían crecido, y casi la mitad dijeron que habían tenido que comprar sostenes de tallas superiores. También hubo otras ventajas: todas las mujeres informaron que sus senos se habían hecho más firmes después de haber usado la técnica, y las voluntarias que los tenían caídos y colgantes dijeron que la técnica había mejorado su forma.

He descrito el poder de la mente y de la imaginación en forma relativamente extensa, y he incluido los detalles de algunos de los experimentos que vienen más al caso, porque creo que esos poderes son importantes y porque sé que muchos lectores son escépticos a ese respecto. No obstante, pienso que los hechos descritos muestran en forma concluyente que la mente humana tiene enormes poderes sobre el cuerpo. La verdad simple es la siguiente:

- Si uno comienza la dieta firmemente convencido de que va a tener éxito, tendrá *muchas* más posibilidades de alcanzarlo.
- Si uno comienza la dieta diciéndose que va a conseguir la figura que siempre ha querido tener, es muy posible que lo logre.
- Si uno cierra los ojos y se "ve" como quisiera verse, estará ayudándose a perder peso y a tener el buen aspecto que desea.

Si usted piensa en forma positiva, no tendrá nada que perder, salvo el exceso de peso. Usando la imaginación de manera positiva, se ayudará enormemente. Para terminar, si quiere tratar de usar el poder de la imaginación para modificar su figura, continúe leyendo.

Programa para lograr una buena figura

Busque un lugar tranquilo en donde pueda relajarse y estar solo. Asegúrese de correr las cortinas para que el cuarto esté oscuro y tenga un ambiente de total intimidad. Desconecte el teléfono y ponga un letrero de "no interrumpir" en la puerta.

Comience por regular la respiración. Aspire profundamente y cuente hasta cuatro mientras tanto. Luego contenga la respiración contando hasta dos. En seguida espire, contando de nuevo hasta cuatro. Cuando los pulmones estén vacíos, sostenga esa posición contando hasta dos otra vez, y comience de nuevo todo el proceso. Respirar profundamente ayuda al cuerpo y a la mente a entrar en un agradable estado de relajación. Recuerde que debe practicar esta técnica con regularidad, para obtener buenos resultados, dos veces al día, durante por lo menos seis meses.

Luego, relaje los músculos uno por uno. Cierre la mano izquierda y apriete el puño tan fuertemente como pueda, hasta sentir que los músculos tanto de la mano como del antebrazo están tensos y firmes; luego, afloje la mano y sienta cómo los músculos se relajan. Repita esta operación con cada uno de los músculos del cuerpo. Cuando doble el brazo izquierdo, trate de que el bíceps sobresalga; luego relaje y afloje los músculos. Ahora, présteles atención a la mano y al brazo derechos. Cuando éstos estén relajados, tense y luego relaje los músculos de los pies y de las piernas. Por último, relaje los músculos del pecho, de la espalda, del abdomen y de la cara.

Cuando todo el cuerpo esté relajado, trate de "sentirse" cada vez más pesado, y de "sentir" que su cuerpo se calienta.

Cuando el cuerpo esté relajado, relaje la mente completamente e imagínese que está caminando por una tranquila senda campestre. El verano está comenzando y el sendero está desierto. El día es tibio y hermoso. No hay tránsito y usted no tiene preocupaciones. El cielo es de un azul maravilloso y los setos están cubiertos de flores silvestres de todos los colores. Y mientras pasea a lo largo del sendero puede oír el trino de los pájaros. Se detiene por un momento y mira hacia la pradera. Puede ver las amapolas y muchas otras flores del campo. Después, ve un caminito a la derecha. Pasa por encima de un pequeño muro y prosigue por el caminito a lo largo de un prado. Va descendiendo lentamente hasta llegar a un arroyo claro y hermoso, cuyas riberas son bastante pendientes y están cubiertas de musgo blando y fresco. Allí se sienta por un momento, con la espalda apoyada en un árbol, y mira hacia el arroyo. Ve un martín pescador y dos grullas, y luego una trucha parda nadando perezosamente hacia la otra orilla. Siente el sol en la cara. La ribera cubierta de hierba y el árbol forman un estupendo y confortable sillón. La temperatura es tibia y usted se siente feliz, satisfecho y relajado. No tiene preocupaciones ni ansiedades ni temores. No necesita hacer nada ni tiene que ir a ninguna parte. Puede sentir todo su cuerpo absorbiendo el calor del sol.

Mientras está sentado allí, al borde del arroyo, poco a poco comienza a sentir su corazón. Puede sentir sus latidos lentos, regulares, allá en lo profundo de sí mismo. Con cada latido puede sentir al corazón bombeando sangre a todo el cuerpo. Con los ojos cerrados puede "ver" que los vasos sanguíneos que abastecen las partes del cuerpo que usted quiere reducir disminuyen de tamaño, y se da cuenta de que su cuerpo es rediseñado, perfilado, reconstruido, remodelado. Reformado de acuerdo con lo que usted quiere.

Usted permanece allí por unos momentos. Se siente increíblemente calmado y relajado. Goza de su lugar personal y privado bajo el sol. Puede sentir sus rayos en el cuerpo. Y puede sentir los vasos sanguíneos decidiendo qué partes del cuerpo deben recibir mejor suministro. Puede sentir cómo el cuerpo se moldea de acuerdo con lo que usted quiere.

Usted se da cuenta de que su cuerpo no va a cambiar de la noche a la mañana, pero está preparado para continuar con el experimento, que le da paz y es tranquilizador y fácil. Usted tiene fe. Cree que su cuerpo será pronto lo que usted ha querido siempre que fuera. Se siente confiado y alegre, y decide que repetirá el experimento tantas veces como sea necesario.

Secreto No. 10

Renuncie a comer las tres comidas diarias

La mayor parte de la gente come a las horas fijas. Come a la hora del desayuno, al mediodía y por la noche. Por supuesto, ésta es una costumbre extraña y completamente irracional. El cuerpo no necesita inyecciones de comida tres veces por día: requiere suministros de energía todo el tiempo. Al escoger ingerir alimentos a las horas corrientes de las comidas, uno se dificulta las cosas de dos maneras.

Primero, por una cantidad de razones diferentes, uno tiende a comer demasiado a la hora de las comidas. Se come toda la comida, porque sabe que eso es lo que se espera de uno. Come por hábito. Por acompañar a los demás. Tenga o no tenga hambre. A lo largo de los años, uno ha aprendido a comer de acuerdo con el reloj y no con las necesidades de su organismo. Segundo, sin duda no necesitamos de inmediato gran parte de la comida que ingerimos. Por tanto, las fuentes de energía se convierten en grasa y se almacenan en espera de futuras necesidades.

Creo que todos los que aspiran a adelgazar deben tratar de abandonar la idea de tomar tres comidas al día. En verdad, no hay nada de sagrado en esta idea. Lo que sucede es que corresponde a la forma en que se ha organizado la vida de la mayoría de las personas. A menos que usted tenga la vida organizada de tal manera que *deba* comer tres veces por día — a horas determinadas — se sentirá mucho mejor si sólo come cada vez que sienta hambre.

Si se siente con deseo de picotear un poquito cada dos horas, puede hacerlo. El hecho de comer cinco, seis o siete veces por día, en vez de hacer tres comidas grandes, ayuda al organismo a ajustar a sus necesidades la ingestión de calorías. La gente que tiene que comer a horas determinadas necesita llenarse de alimentos para no tener hambre en medio de las comidas. Si usted tiene la oportunidad de tomar meriendas, puede permitirse comer tanto — o tan poco — como lo necesite su organismo. Le parecerá mucho, mucho más fácil aprender a escuchar a su organismo y a obedecer a su centro interno de control del apetito.

Recuerde, desde luego, que si opta por merendar a lo largo del día, no puede tomar tres comidas principales también. Esto no implica que sea insociable y que deba dejar comiendo sola a la familia. Simplemente debe servirse menos, o sentarse con una taza de té o con una de sus meriendas.

También debe asegurarse de tener en el refrigerador o en la despensa provisiones que pueda usar para la merienda; si no, terminará comiendo solamente galletas todo el día, y de eso no se puede vivir, pues son bastante bajas en nutrimentos y altas en calorías. Por lo tanto, compre el tipo de alimentos que le permitan prepararse pequeñas y nutritivas comidas para cuando sienta hambre. Luego, asegúrese de preparar sólo lo necesario para satisfacer el apetito. Puede, por ejemplo, cortar una rebanada de pan y prepararse medio emparedado. Siempre habrá la posibilidad de comerse otro después, si verdaderamente todavía tiene hambre. Si abre un enlatado o un paquete, no debe considerarse obligado a consumirlo todo sólo porque ya está abierto. Debe preparar únicamente lo que necesite para satisfacer sus necesidades inmediatas. La dieta verde le ayudará a cambiar de hábitos alimentarios y a pasar de tres comidas diarias a las meriendas que requiera.

Las comidas grandes se basan, con frecuencia, en carne. Además, es difícil preparar comidas con carne sin una cantidad de molestias. En cambio, muchas de las comidas vegetarianas se preparan con facilidad y rapidez y se prestan muy bien para el hábito de merendar.

Realmente, estas comidas cortas y frecuentes lo ayudarán muchísimo. Hoy en día hay numerosas pruebas de que las personas que aplican el sistema de comer cada vez que sienten hambre tienen mucho menos tendencia a engordar que las que se repletan de comida. Al distribuir la absorción de energía a lo largo del día, usted nunca sentirá desmayos o hambre, y su organismo aprenderá a quemar todas las calorías que usted le suministra.

Recuerde: Cuando la comida ya ha sido tranformada en grasa, es muy difícil reconvertirla en energía potencial. Siempre es mucho, mucho más fácil convertir los alimentos en grasa ¡que la grasa en alimento!

7
Los mejores consejos del mundo para adelgazar

1. Cada vez que esté a punto de llevarse un bocado a la boca, pregúntese si *realmente* tiene hambre.
2. Si tiene hambre y está buscando algún alimento, ensaye la táctica de los cinco minutos de espera. Puede preparar lo que se va a comer, si quiere, pero debe mirar el reloj y esperar cinco minutos. Luego, si todavía tiene hambre, coma; si no, aparte la comida.
3. Nunca coma porque sea la hora de hacerlo. Casi todo el mundo ha aprendido a comer a horas fijas. Abandone ese hábito dañino. Coma cuando el cuerpo se lo pida, no cuando el reloj quiera.
4. Antes de comer, decida qué quiere verdaderamente. Si come el alimento en que pensó, posiblemente se levantará de la mesa satisfecho. Si omite lo que su cuerpo quería, es muy posible que, cuando se retire de la mesa, esté insatisfecho, y que más tarde coma más. Como expliqué en la página 149, el organismo humano es muy hábil para decidir qué necesita consumir. Aprenda a confiar en su intuición.
5. Si piensa tener una gran comida, coma alguna cosa media hora antes. Una fruta o una verdura cruda, o un puñado de uvas pasas o de otras frutas secas, o de nueces. Se trata de llenar el estómago para reducir el apetito.
6. Nunca coma de pie.

Secretos para adelgazar con éxito

7. Cuando se siente a comer, no comience por echarse la comida a la boca inmediatamente. Siéntese un momento y relájese. Trate de despojarse de cualquier tensión acumulada. Mire la comida que tiene enfrente. Si hace esto, estará en mucho mejores condiciones de oír lo que su cuerpo le "diga" cuando ya haya comido suficiente.

8. Cuando se siente a comer, no hable, lea ni mire televisión. Si se concentra en lo que está haciendo, estará en mejores condiciones de oír cuando el centro de control del apetito le diga que ya está satisfecho.

9. Si está en casa, coma solamente en el comedor o en la cocina. No debe permitirse ir comiendo por toda la casa... o llevarse los alimentos a la sala de estar, por ejemplo.

10. Desconecte el teléfono cuando esté comiendo. Si deja que lo interrumpan, habrá muchas posibilidades de que termine comiéndose rápidamente la comida fría y olvidando el centro de control del apetito.

11. Utilice un plato pequeño; si come en uno grande, existe el peligro de que lo llene y coma demasiado.

12. ¡Mastique la comida con cuidado! Sé que esto suena a enseñanza de jardín infantil, pero vale la pena recordarlo. Si mastica como debe ser, tiene que comer despacio, y así tendrá menos posibilidades de comer demasiado. Además, hay otra ventaja: sufrirá menos de problemas digestivos.

13. Coma verduras crudas tanto como pueda. Como hay que gastar mucho tiempo masticándolas, esto lo obligará a comer más despacio. En ese caso, tendrá más posibilidades de oír cuando el centro de control del apetito le diga que ya está satisfecho.

14. Deje el tenedor y el cuchillo en el plato después de cada bocado.

15. Descanse entre plato y plato. Si cree que ya ha comido bastante, levántese y dé una vuelta... o haga cualquier otra cosa. De todos modos, cuando quiera puede regresar a la mesa para tomar otro plato, si aún tiene hambre.

16. Si va a comer comida china o japonesa, use palillos: es difícil comer rápidamente con ellos.

17. Aprenda a disfrutar de la comida. Acostúmbrese a saborear cada bocado.

18. Después de terminar de comer, levántese de la mesa si todavía quedan alimentos allí. Muchos de los que hacen sobremesa terminan cortando otro pedazo de queso o mordisqueando una galleta extra... muchas veces sin darse cuenta. Levántese apenas termine... y retire la comida que queda.

19. Ocasionalmente (y sólo ocasionalmente) chupe un caramelo, para apaciguar el hambre y entretener el apetito. El nivel de azúcar de la sangre subirá, y las punzadas del hambre desaparecerán.

20. Como sustitutivo, puede chupar un dulce de glucosa. En algunas partes los venden en las farmacias. Los atletas los consumen porque suben el azúcar de la sangre. De vez en cuando, uno de esos dulces puede ayudar a calmar las punzadas del hambre y a aguantar ésta por una o dos horas más.

21. No gaste dinero en productos especiales para adelgazar: no los va a necesitar si adopta la dieta verde.

22. No se preocupe por pesar los alimentos. Conozco muchos aspirantes a adelgazar que se han comprado pequeñas balanzas con las que pesan cada bocado de comida... y luego calculan el contenido de calorías. Este tipo de obsesión termina invariablemente en tristeza y fracaso. Nunca he conocido un "pesador de comida" que haya tenido éxito en la dieta. La obsesión puede conducir muy fácilmente al aburrimiento, a la insatisfacción y a la frustración, como también a una preocupación enfermiza por la comida.

23. Tampoco hay que preocuparse por contar las calorías. Muchas dietas sugieren una ingestión diaria especial de algo así como de 600 a 1 500 calorías (2 500-6 300 julios). Lo malo es que la necesidad de calorías de cada cual es diferente. ¡Usted no sabrá qué tan pocas calorías necesita absorber para perder peso hasta que lo haya probado! Los libros de dietas que se basan en listas de calorías no sirven. Mi método — que se basa en que la persona coma cuando le dé hambre y pare de comer cuando esté satisfecha — está garantizado como ayuda para que usted mantenga constante su peso durante toda la

vida. Al mismo tiempo, las diferentes pautas para adelgazar y los consejos que este libro contiene le ayudarán a perder cualquier peso indeseado.

24. No se preocupe por tratar de balancear la dieta con todos los nutrimentos deseables. Muchos de los aspirantes a adelgazar pasan horas con la preocupación de las proteínas, los minerales y las vitaminas. Si usted sigue una buena dieta, bien balanceada, el organismo se hará cargo de equilibrar los nutrimentos por su cuenta. ¡Durante miles de años la humanidad se las arregló para no estar gorda, sin siquiera conocer la existencia de las proteínas, de los minerales o de las vitaminas!

25. Si usted hojea las revistas femeninas con frecuencia, habrá visto artículos que prometen que con determinadas dietas una persona perderá tres kilos o más en una semana. Esas dietas son tontas, de corto término y potencialmente peligrosas. No les preste atención. Trate de perder alrededor de un kilo por semana. Si adelgaza más de eso siguiendo la dieta verde, está bien pero un buen objetivo es un kilo por semana.

26. Si come manzanas, duraznos y peras, no les quite la piel; ésta contiene muchas de las virtudes de la fruta. Lávelas bien antes.

27. De vez en cuando, cocine las papas con la cáscara; también en este caso la cáscara está llena de buenas propiedades.

28. El arroz es un alimento excelente, aunque todavía subutilizado en Europa y Estados Unidos. Es un alimento que llena y tiene muchos nutrimentos y pocas calorías, además de ser un buen sustitutivo de las papas.

29. Use edulcorantes distintos del azúcar. En la actualidad se pueden comprar tanto granulados como en forma de tabletas. Con frecuencia son cuatro veces más dulces que el azúcar y pueden usarse tanto en frutas y cereales como en bebidas. Los edulcorantes líquidos son un excelente sucedáneo cuando uno está cocinando. Al sustituir al azúcar por éstos, la mayor parte de la gente puede disminuir las calorías de su dieta ¡como para perder 6 kilos por año!

30. Si está acostumbrado a estar comiendo cantidades de

dulces — y a tener algo para mascar — trate de conseguir chicle sin azúcar. No es que ese hábito sea precisamente agradable, pero puede ayudarle a romper la costumbre de estar comiendo dulces.

31. Si compra gaseosas, cómprelas dietéticas, que no contienen azúcar.

32. Tome mucha agua (embotellada, si no le gusta o desconfía de la del grifo). El agua no contiene calorías, pero le ayudará a sentirse lleno, a la vez que mantendrá sus riñones en óptimas condiciones.

33. No ponga sal en la mesa. Mucha gente les agrega sal a los alimentos antes de *probarlos* siquiera. La sal puede provocar la retención de fluidos.

34. No pase demasiado tiempo *mirando* comida que le haga la boca agua. ¡Hoy en día hay pruebas de que uno puede engordar mirando la comida! Cuando uno mira la comida, la huele o piensa en ella, el organismo comienza a preparar sus procesos digestivos. La boca se llena de saliva y el estómago empieza a producir jugos gástricos. El páncreas es estimulado para que produzca la insulina. Ésta comienza a convertir la glucosa de la corriente sanguínea en grasa, a la vez que el organismo deja libre el camino a la comida que siente que va a llegar. Entretanto, como la cantidad de azúcar que está circulando por la sangre ha disminuido, uno comienza a sentirse verdaderamente hambriento, y necesitará comer. Y el cuerpo habrá sido engañado por sus propios sentidos.

35. Nunca cometa el error de recompensarse con comida: estará estableciendo (o reforzando) el "hábito de la recompensa", que pronto lo engordará. En lugar de esto, prémiese con un libro, una revista, un disco o un ramo de flores. La comida es para comérsela, no para usarla como premio.

36. Convenza a sus amigos y familiares de que no le compren de regalo comida (por ejemplo, chocolates).

37. Si va a comprar alimentos, lleve consigo una lista y aténgase a ella estrictamente. No debe dejarse dominar por el impulso de satisfacer antojos en las cajas registradoras de los supermercados.

38. Pruebe nuevas comidas con tanta frecuencia como pueda. Deténgase en los mostradores de frutas y verduras del supermercado más próximo, por ejemplo, y compre pequeñas cantidades de las que no haya probado antes. Esto agregará variedad y sabor a la nueva dieta.

39. No compre "basura" empacada. Si otros miembros de la familia quieren, que la compren por su cuenta.

40. Si va de compras, acostúmbrese a leer las etiquetas de los alimentos. Prefiera los productos bajos en grasa y en otros ingredientes "peligrosos".

41. Manténgase escéptico respecto de las propagandas de los alimentos. Recuerde que las grandes empresas productoras siempre van detrás del dinero de usted. Aprenda a leer y a mirar los anuncios en forma crítica, y a analizar y descubrir cómo los redactores de anuncios tratan de que usted le diga adiós a su dinero.

42. Nunca pique al cocinar. Conozco a muchas personas que cocinan y se engañan diciéndose que están probando la comida; pero para cuando la comida ya está lista, ellos han comido mucho más que una simple "prueba". Esta manera de comer no tiene nada que ver con el hambre, y es peligrosa tanto para la dieta como para la salud.

43. Evite las comidas fritas; pero si *tiene* que freír, utilice una cacerola que no se pegue, para no tener que usar grasa extra.

44. Si le gusta la ensalada con aderezo, compre o prepare uno que sea bajo o nulo en calorías. Es posible hacerlo con vino, vinagre y hierbas aromáticas, o con éstas y yogur bajo en grasa.

45. Comience a formar una colección de recetas vegetarianas. Cuando uno cambia de hábitos alimentarios, quiere decir que ya no podrá comer muchas de sus comidas favoritas; pero éste podrá ser un período muy emocionante, que brinde la oportunidad de aprender muchas habilidades culinarias nuevas.

46. Enséñeles a sus hijos buenos hábitos alimentarios. Explíqueles por qué algunos alimentos son buenos, y otros malos para la salud.

47. Nunca premie el buen comportamiento o el éxito de los niños con comida. Al hacerlo, estará iniciando una vida entera de problemas.

48. Recuerde que la gente no nace con el gusto por el dulce. Éste se adquiere mediante la experiencia. No llene a los niños con una dieta de dulces y chocolates.

49. Nunca obligue a los niños a comerse todo lo que tienen en el plato, si dicen que se sienten satisfechos. Hay que permitirles que dejen lo que no puedan comerse; pero si el apetito de los niños le preocupa, consulte con el médico.

50. Si algún miembro de la familia siempre deja comida, como primera medida ¡dele menos! Así, usted se sentirá mucho mejor... y él también.

51. Recuerde que el alcohol está literalmente repleto de calorías.

52. Si toma sus bebidas alcohólicas mezcladas con agua tónica o con alguna otra gaseosa, asegúrese de que sean bajas en calorías.

53. Si sale a comer, sólo debe llevar el dinero suficiente para la comida que sabe que va a consumir. Si sólo lleva para un café, no terminará cayendo en la tentación de comprarse también un bizcocho de crema.

54. Si compra papas fritas en un restaurante de comidas rápidas, asegúrese de que estén preparadas con aceite vegetal bajo en grasa.

55. Si va a salir, lleve consigo su propia merienda: será más barato y probablemente mucho más saludable. Si súbitamente le da hambre y no ha llevado su merienda, es muy posible que termine comprándose un chocolate. Otro riesgo es que regrese a casa muriéndose de hambre ¡y se llene con todo lo que encuentre a mano! Nunca, *nunca* debe permitirse llegar al estado de verdadera hambre; si lo hace, va a encontrar difícil comer en forma razonable.

56. Si se llega la pausa del almuerzo en la oficina y usted no tiene deseos de comer o de beber nada, dé un corto paseo, haga una llamada telefónica, escriba una carta o lea una revista.

57. Busque formas no engordadoras de manejar el aburrimiento. Puede adquirir el hábito de hacer crucigramas, de escribir cartas, de arreglar la casa o el jardín, cuando se encuentre aburrido. Nunca use la comida para distraerse, entretenerse o divertirse.

58. Si le gusta tener golosinas en el automóvil, compre nueces o frutas secas en vez de chocolates o caramelos.

59. Compre para la merienda galletas envueltas individualmente. Pueden ser un poco más caras, pero si compra un paquete normal de galletas corre verdadero peligro de comérselas todas antes de darse cuenta de lo que está haciendo.

60. Antes de comenzar la dieta verde, tómese una fotografía y guárdela. Mirarla puede darle ánimos cuando vaya perdiendo peso. (Y, quién sabe, tal vez pueda usar la foto de "antes" para ganar un concurso de adelgazamiento ¡cuando haya perdido peso!)

61. Decídase a que, cuando haya perdido el exceso de peso, se comprará ropa para lucir su cuerpo. Siéntase orgulloso de sí mismo. Mejor aún: comience *ahora* a comprar ropa que sólo pueda usar cuando haya adelgazado. ¡Será un gran incentivo!

62. Cuando haya adelgazado, deshágase de la ropa que ya no le sirva. Si la guarda, será un signo de que no confía en que la dieta vaya a ser permanente. Con la ayuda de este libro, la dieta funcionará... y para siempre.

63. Si está recibiendo tratamiento médico a causa de alguna dolencia, debe consultarle al doctor antes de comenzar esta dieta, y después debe visitarlo en forma regular cuando esté perdiendo peso. Si está tomando algún medicamento, es muy posible que la dieta conduzca a que el tratamiento pueda ser reducido o aun suspendido.

64. Muchas drogas, como los esteroides y las píldoras anticonceptivas, pueden producir un aumento indeseado de peso. Si le han prescrito píldoras para tomar regularmente — y piensa que le están arruinando sus intentos de dieta — hable con el médico. Es posible que él pueda sustituirlas por otras. Si, por ejemplo, está tomando píldoras anticonceptivas, casi con certeza encontrará sucedáneos igualmente eficaces.

65. Algunas drogas de venta libre también pueden producir aumento de peso. Pídale al farmacéutico o al médico su consejo. Recuerde que no debe tomar drogas de venta libre por más de cinco días, sin el concepto del médico.

66. Si, por la pérdida del exceso de peso, le quedaron estrías o la piel floja, hable con el médico acerca de la posibilidad de una cirugía estética.

67. No se pese todos los días; una vez por semana es suficiente. El peso diario puede variar enormemente por muchas razones bastante naturales.

68. Pésese siempre a la misma hora y con la misma ropa (o preferiblemente sin ropa).

69. Lleve un diario de su adelgazamiento y anote cada kilo que vaya perdiendo. Recibirá un permanente estímulo al repasar sus éxitos.

70. Aprenda a manejar el estrés y cómo relajarse debidamente. Mucha gente come cuando está bajo presión. Absténgase de hacerlo.

71. Si quiere comenzar a hacer ejercicios, escoja alguno que le guste. Cuando se hacen a disgusto, no funcionan. Pronto estará usted buscándose excusas para no hacerlos. Las cuatro formas de ejercicio mejores, más inocuas y más difundidas entre los que quieren adelgazar, son las caminatas, la natación, el baile y el ciclismo.

72. Caminar es el mejor ejercicio que uno puede adoptar; es bueno para cualquier parte del cuerpo. Trate todos los días de llegar a alguna parte caminando. Puede bajarse del autobús en una parada anterior o dejar el automóvil en la casa. Cómprese unos zapatos confortables, especiales para caminar. Si quiere cambiarlos por otros más elegantes cuando llegue a su destino, puede llevarlos en una bolsa.

73. Si le es difícil acordarse de comer sólo cuando tenga hambre, recuerde que su pareja o sus amigos pueden ayudarle. Puede pedirles que le hagan notar cuando esté comiendo "automáticamente" (por ejemplo, picando mientras ve televisión). Y que le hagan la pregunta mágica: *¿De verdad tienes hambre?*

74. Si tiene un amigo que también quiera perder peso, pueden telefonearse mutuamente para darse ideas y apoyo.

75. Si piensa que adelgazar por sí solo es difícil, considere la posibilidad de unirse a un club de gente que quiera adelgazar (en algunos países hay clubes así). En este tipo de agrupaciones se puede recibir estímulo y apoyo de personas que entienden los problemas a los cuales uno se está enfrentando.

76. Trate de no dejarse perturbar si encuentra a alguien que puede comer el doble que usted sin subir ni un kilo. No todo el mundo es igual. Algunos queman lo que ingieren con más rapidez que otros. Algunos son altos; otros, flacos. Algunos tienen el pelo negro; otros, rubio. Algunos queman los alimentos más rápidamente, por naturaleza.

77. Dedique tiempo a analizar sus hábitos alimentarios y a descubrir *por qué* es una persona que come demasiado. Trate de recordar su infancia y de pensar cómo adquirió esos malos hábitos alimentarios; cuando haya averiguado de dónde vinieron, le será mucho más fácil dejarlos.

78. Algunas veces los aspirantes a adelgazar insisten en que tienen dificultades para oír a su cuerpo. La queja común es: "¡No puedo determinar cuándo tengo hambre o cuándo estoy lleno!" Esto es, simplemente, cuestión de práctica. No renuncie. Siempre que esté comiendo, concéntrese fuertemente en descubrir si todavía tiene hambre o no; y, si verdaderamente lo encuentra difícil, deje de comer por un momento mientras piensa. Al cabo de un rato, el centro de control del apetito recuperará su poder, y usted reconocerá automáticamente si todavía tiene hambre o no.

79. Si cierra la mano derecha, tendrá una idea del tamaño aproximado de su estómago. Aunque se estuviera muriendo de hambre, la cantidad de comida que necesitaría para satisfacerla sólo llenaría un recipiente del tamaño de su puño.

80. Si está comiendo con otras personas, asegúrese de ser el último en comenzar. Probablemente usted comerá menos que cualquiera de los demás, de manera que si comienza más tarde correrá menos riesgos de terminar primero... y de

atraer la atención sobre el hecho de que todavía no ha desocupado el plato.

81. No mantenga su dieta en secreto. No hay necesidad de poner el tema, pero si éste se presenta espontáneamente, debe estar preparado para hablar de los cambios que está realizando. No tiene por qué sentirse tímido o desconcertado. Explique por qué está realizando esos cambios. Si trata de mantener las cosas en silencio, puede encontrarse en apuros si come fuera o si tiene invitados en casa.

82. Sea siempre positivo cuando esté hablando de sus hábitos alimentarios. Y si alguien le pregunta: "¿Está tratando de hacer dieta?", responda: "¡No! He decidido cambiar mis hábitos alimentarios y perder un poco de peso". La palabra "tratar" sugiere la posibilidad de fracaso, y usted no va a fracasar.

83. Decida de una vez por todas que nunca más va a culpar a nadie por su gordura. *Usted* controla su peso, nadie más.

84. No les ponga atención a los que se burlan de los planes de dieta que usted está siguiendo. Se trata de *su cuerpo* y de *su vida*. *Usted* es quien tiene que tomar la decisión de si hace dieta o no.

85. Aunque esté orgulloso de su nueva dieta — y del éxito de su adelgazamiento — no le predique al descreído. Hable de su dieta, responda a las preguntas de la gente, pero no adopte una actitud moralizadora ni sea descortés o desdeñoso con la gente que come carne. Puede tener más éxito en ganar adeptos si le presenta a la gente los hechos y le permite tomar sus propias decisiones. Si usted aburre a la gente o se enemista con ella, no solamente la alejará de la dieta verde sino que perderá su apoyo y su entusiasmo y su estímulo. Y usted necesita todo el apoyo, el entusiasmo y el estímulo que le puedan dar.

86. A los alcohólicos que han dejado la bebida les dicen que traten de vivir día a día. Los aspirantes a adelgazar pueden con frecuencia beneficiarse enormemente si piensan del mismo modo. Enfrente cada día como venga, nunca piense en el pasado y no se preocupe demasiado por el futuro. Si sigue

esa simple recomendación, se le facilitará mucho más adelgazar.

87. Si llega a tener una falla en este programa de dieta, no se desespere. Todo el mundo tiene malos días. Todo el mundo tiene equivocaciones. Nadie es perfecto. Olvídese de la falla. En lugar de desesperarse, concéntrese en estar seguro de que la dieta saldrá bien mañana.

88. No se descorazone si gana un poco de peso a pesar de estar haciendo dieta. No hay que desesperarse: eso pasa con frecuencia. El organismo humano es complicado, y el peso puede tender a fluctuar regularmente. Verifique la dieta, para asegurarse de que no está cometiendo ningún error, y luego, simplemente, continúe la dieta.

89. Como el centro de control del apetito está recuperando su poder, posiblemente usted se encontrará sintiendo un deseo incontrolable de comer algún alimento especial. ¡No hay que preocuparse! Esto sólo es signo de que el cuerpo está recuperando su salud. Si súbitamente siente que quiere comerse una naranja o una tajada de melón, es casi seguro que esto es lo que su cuerpo *necesita*. Los mecanismos de selección de los alimentos en el organismo humano son complejos y precisos. La mayor parte de las personas están acostumbradas sólo a la parte más simple y cruda del mecanismo: la parte que le dice a uno que, puesto que está comiendo demasiado maní salado, ¡necesita tomarse otra copa! Extrañamente, las mujeres encintas son con frecuencia extremadamente conscientes de las necesidades de su cuerpo.

90. Cuando deje de tratar de satisfacer sus emociones con comida, posiblemente se dará cuenta de que esas emociones se vuelven mucho más manifiestas. Y si continúa con la dieta verde estará mucho más consciente de los altibajos de la vida. Puede que tenga algún día horrible, pero también se encontrará con que goza de la vida mucho, mucho más que antes.

91. A medida que va perdiendo peso, percibirá cómo crece la confianza en sí mismo. Use esta confianza. Piense en todas las cosas que una vez quiso hacer pero para las cuales nunca

tuvo suficiente coraje: aprender a navegar, a modelar, a competir en baile, a patinar...

92. Posiblemente usted se habrá dado cuenta de que los extraños reaccionan en forma muy diferente ante la nueva persona delgada que usted es. Con frecuencia la gente trata a las personas delgadas y a las gordas en forma diferente. Los prejuicios y las expectativas influyen en las acciones más de lo que uno quisiera admitir. Es probable que los amigos también lo traten de distinta manera. Hay que estar preparado para esto.

93. No se preocupe si necesita menos sueño mientras está haciendo dieta. Esto es común entre los aspirantes a adelgazar, y especialmente entre quienes han prescindido de la carne roja. La dieta exenta de carne, que es en general relativamente baja en contenidos grasos, normalmente implica que las personas sufran menos de cansancio y agotamiento.

94. Prepárese para los silbidos y los piropos. Algunas personas que han tenido éxito en adelgazar se sorprenden — y se asustan — cuando se vuelven excepcionalmente atractivas para el sexo opuesto, y no saben cómo manejar esa situación. ¡Hay que estar preparados!

95. Desocupe el refrigerador y las alacenas cada semana, y bote a la basura la comida que no va a usar.

96. No permita que otros lo presionen o lo manipulen con el objeto de hacerlo comer algo que no quiere ni necesita.

97. Si algún miembro de la familia necesita perder peso, usted puede tratar de convencerlo de que lo haga al mismo tiempo que usted.

98. Trate de comer siempre sentado a la mesa. Así le será más fácil concentrarse en lo que está haciendo — y parar de comer cuando ya no sienta hambre — que si está acomodado frente al televisor, con una bandeja en las rodillas.

99. Si aún tiene dudas acerca de su habilidad para triunfar, o en lo referente a si la dieta verde es buena para *usted*, vuelva a leer los capítulos iniciales de este libro. Recuerde que al escoger esta dieta está haciendo mucho, mucho más que escoger una dieta; está planteándose un propósito, ante sí y,

de manera discreta pero práctica, ante el mundo. Estará adoptando una nueva forma de vida, y podrá obtener una tranquila e íntima satisfacción del hecho de que, al escoger la dieta verde está ayudando a que el mundo sea un mejor lugar para vivir.

TERCERA PARTE
ALIMENTOS Y RECETAS

8
Los alimentos de la dieta verde y sus contenidos

Los médicos, los dietistas y los nutricionistas hablan siempre de la importancia de una dieta bien balanceada. ¿Pero cómo puede uno saber si su dieta está bien balanceada? ¿Cómo puede saber si los alimentos que consume contienen una buena variedad de minerales y de vitaminas? ¿Cómo puede saber si está ingiriendo suficientes proteínas y si su dieta es tan rica en fibra como uno sabe que debiera ser? Con la ayuda de las listas de alimentos que aparecen en recuadro en este capítulo usted podrá mezclar y componer sus propios ingredientes y preparar una dieta balanceada que se adapte a sus gustos.

Para que la información que proporcionan estas listas se pueda usar fácil y rápidamente, escogí un sistema de estrellas para clasificar los alimentos. En vez de dar una información confusa y sin sentido (y a veces despistadora) en miligramos y porcentajes, simplemente clasifiqué los alimentos con un sistema que permitiera identificar los contenidos y los valores de cada uno de ellos, sólo con un vistazo. Una estrella enfrente de determinado alimento significa que éste contiene muy poco o nada de determinado ingrediente. Tres estrellas significan que tiene un alto contenido de ese ingrediente en especial. ¡Nunca había sido tan fácil balancear una dieta!

Galletas

Muchas de las galletas que uno compra contienen una gran cantidad de aditivos. Las galletas naturales — como las digestivas y la variedad de las semidulces — están hechas con mucho menos azúcar que las refinadas. Algunas tienen ciertos minerales, pero sólo las de avena cuentan con una cantidad apreciable de ellos. Las galletas hechas en casa pueden prepararse con una proporción similar de azúcar y con más salvado que la mayoría de las que producen las fábricas.

GALLETAS	Proteínas	Grasa	Fibra	Vitaminas y minerales	Calorías
DE CHOCOLATE	☆	☆☆	☆	☆	☆☆☆
DIGESTIVAS	☆	☆	☆☆	☆	☆☆
DE JENGIBRE	☆	☆	☆	☆	☆☆
DE AVENA	☆	☆	☆☆	☆☆	☆☆
SEMIDULCES	☆	☆	☆	☆	☆☆
DE MANTEQUILLA	☆	☆☆	☆	☆	☆☆☆

Pan

Todo pan es bueno, pero algunos tipos de pan son mejores que otros. El pan integral contiene más fibra, pero hasta el blanco "común" contiene proteínas y minerales esenciales además de fibra. Trate de escoger un pan que sepa bien, y cómalo tan fresco como sea posible. Cuanto mejor sepa, menos necesidad habrá de cubrirlo con una gruesa capa de grasosa mantequilla, para poder comérselo.

Los alimentos de la dieta verde y sus contenidos

PAN	Proteínas	Grasa	Fibra	Vitaminas y minerales	Calorías
NEGRO	☆☆	☆	☆☆	☆☆	☆☆
DE CENTENO	☆☆	☆	☆☆	☆☆	☆☆☆
ÁRABE	☆☆	☆	☆☆	☆☆	☆☆
DE LENTEJAS	☆	☆	☆☆	☆	☆☆☆
BLANCO	☆☆	☆	☆☆	☆☆	☆☆
INTEGRAL	☆☆	☆	☆☆☆	☆☆☆	☆☆

Cereales para el desayuno

A los cereales que se venden para el desayuno con frecuencia les agregan vitaminas y minerales, pero también azúcar y sal. Antes de comprarlos, mire la etiqueta del paquete para saber qué ingredientes tienen. Los dos cereales más saludables son las gachas (hechas con avena rica en salvado) y el muesli. Compre sus propios ingredientes y prepare su porción para la semana. Puede agregarle frutas frescas o secas, de acuerdo con su gusto.

CEREALES PARA EL DESAYUNO	Proteínas	Grasa	Fibra	Vitaminas y minerales	Calorías
SALVADO	☆	☆	☆☆☆	☆	☆
HOJUELAS DE MAÍZ	☆	☆	☆☆	☆☆	☆☆☆
MUESLI	☆☆	☆☆	☆☆	☆☆	☆☆☆
AVENA (GACHAS)	☆☆	☆☆	☆☆	☆☆	☆

Pasteles y bizcochos

La mayoría de éstos son ricos en grasa y en calorías y bajos en fibra. Algunos contienen minerales, especialmente calcio y hierro. Como cosa rara, algunos tipos de pasteles (por ejemplo el de queso y el bizcochuelo) contienen vitamina A.

Alimentos y recetas

PASTELES Y BIZCOCHOS	Proteínas	Grasa	Fibra	Vitaminas y minerales	Calorías
DE QUESO	☆	☆☆☆	☆	☆☆	☆☆☆
DE CHOCOLATE	☆	☆☆☆	☆	☆	☆☆☆
PAST. DANESA	☆	☆☆☆	☆	☆	☆☆☆
DONAS	☆	☆☆☆	☆	☆	☆☆☆
DE FRUTA	☆	☆☆☆	☆	☆	☆☆☆
DE JENGIBRE	☆	☆☆☆	☆	☆☆	☆☆☆
DE MERENGUE	☆	☆☆☆	☆	☆	☆☆☆
DE FRUTAS Y ESPECIAS	☆	☆☆☆	☆	☆	☆☆☆
BIZCOCHUELO	☆	☆☆☆	☆	☆☆	☆☆☆

Quesos

La mayor parte de quienes dejan la carne o reducen su consumo comen más queso. Es fácil componer una comida o un refrigerio a base de queso (pizza, tortilla de huevo y emparedados) y se pueden conseguir de muchas clases. Pero hay que fijarse: ¡muchos quesos son ricos en grasas! El cuadro que aparece a continuación tiene una lista de quesos, por tipos. Usted puede reducir la ingestión de grasas comprando quesos descremados, que en la actualidad se consiguen fácilmente.

Hay un problema con los quesos, que todavía no he mencionado. En la preparación de ellos, muchos fabricantes usan cuajo, que es un extracto sacado de los tejidos que envuelven el interior del estómago de los rumiantes. El cuajo contiene una enzima que ayuda a cuajar la leche y que produce la cuajada o el requesón, del cual se hacen los quesos. Sin embargo, *hay* sustitutivos para evitar el cuajo animal, por lo cual es posible comprar quesos que no hayan sido hechos con este producto, pero no todos los almacenes tienen existencias de ellos.

Tal vez usted quiera hacer una campaña para que las tiendas y los restaurantes tengan existencias de quesos no elaborados con cuajo. Entre tanto, si no ha podido encontrarlos, a menos que usted sea un *vegan*, no creo que tenga por qué sentirse mal por comer quesos hechos con cuajo.

Los alimentos de la dieta verde y sus contenidos

QUESOS	Proteínas	Grasa	Fibra	Vitaminas y minerales	Calorías
BRIE	☆☆☆	☆☆	☆	☆☆☆	☆☆
CAMEMBERT	☆☆☆	☆☆	☆	☆☆☆	☆☆
CHEDDAR	☆☆☆	☆☆☆	☆	☆☆☆	☆☆☆
CHESHIRE	☆☆☆	☆☆☆	☆	☆☆☆	☆☆☆
REQUESÓN	☆☆☆	☆	☆	☆☆☆	☆
DE CREMA	☆	☆☆☆	☆	☆☆	☆☆☆
DANÉS AZUL	☆☆☆	☆☆☆	☆	☆☆☆	☆☆☆
EDAM	☆☆☆	☆☆	☆	☆☆☆	☆☆
GRUYERE	☆☆☆	☆☆☆	☆	☆☆☆	☆☆☆
PARMESANO	☆	☆☆☆	☆	☆☆	☆☆☆
ROQUEFORT	☆☆☆	☆☆☆	☆	☆☆☆	☆☆☆
STILTON	☆☆☆	☆☆☆	☆	☆☆☆	☆☆

Otros productos derivados de la leche

La leche es buena — tiene un alto contenido de proteínas, un buen número de vitaminas y minerales, en particular calcio — pero la mayoría de las personas toman demasiada leche. Cada especie animal produce la leche apta para alimentar a sus propias crías. La leche de vaca difiere de la humana en que es más rica en proteínas, grasa y minerales. Si uno lo piensa, en eso no hay nada de sorprendente; un ternero alimentado con leche de su madre alcanzará su tamaño definitivo en sólo dos años, mientras que un niño lo alcanzará en dieciséis. La leche materna humana contiene más vitaminas, una proteína diferente y anticuerpos que proporcionan protección contra diferentes infecciones.

Por naturaleza, ningún mamífero adulto toma leche después de haber sido destetado (en efecto, la mayor parte de los adultos carecen de una de las enzimas que se necesitan para digerir la leche adecuadamente). En realidad, el hábito occidental de tomar leche es relativamente reciente, y fue creado en gran medida como resultado de la comercialización del agro. Desgraciadamente, en la actualidad hay un número creciente de señales de que la costumbre de tomar leche es responsable de una amplia gama de problemas de salud en los niños y en los adultos. Hoy en día, algunos expertos sostienen que las tres cuartas partes de las alergias y cerca de la mitad de los problemas digestivos de los niños los causa la leche.

En los últimos años, los granjeros y los comerciantes de estos productos han trabajado incansablemente para conseguir que la gente tome más leche (en parte, por los enormes excedentes: cerca de la mitad del presupuesto de las granjas de la Comunidad Europea se invierte en almacenar los excedentes de leche y en deshacerse de ellos). Se ha dicho, por ejemplo, que el calcio de la leche es especialmente bueno para la mujeres menopáusicas, que son particularmente propensas a que los huesos se les vuelvan frágiles y débiles. Sin embargo, los hechos *no* confirman la teoría de que ingerir leche extra contribuya a que los huesos se pongan más sanos o a reducir los riesgos de fracturas. En realidad, las pruebas apoyan la idea de que la mayoría de las personas deberían hacer un verdadero esfuerzo por tomar menos leche. Fuera de la relación que existe entre su ingestión y problemas alérgicos tales como el eccema, el asma y las afecciones de los senos faciales, la leche contiene una cantidad relativamente alta de grasa. Las formas de bajo contenido graso — descremada y semidescremada — se consiguen ahora en muchas lecherías y parecen ser excelentes sustitutivos.

Quizá la más inquietante de todas las novedades sea la referente al hecho de que a muchos granjeros los están animando a que les den hormonas a sus vacas, con el fin de acrecentar la producción de leche (aunque uno no se explica cómo pueden estar estimulando la producción de leche cuando muchos de los países occidentales tienen grandes excedentes de ella). Además, nadie sabe todavía exactamente qué efectos pueden producir esas hormonas en los seres humanos.

Para terminar, dos puntos adicionales que vale la pena tener en cuenta acerca de la leche. Primero, que cuando parte de la grasa se extrae para producir leche descremada y semidescremada, cierta cantidad de las vitaminas A y D, solubles en grasa, también desaparece. Las proteínas y el calcio permanecen. Algunas industrias lecheras están agregándole vitaminas a la leche descremada. Muchos expertos parecen creer que a los bebés y a los niños menores de cinco años que toman leche debieran darles la leche completa en vez de descremada o semidescremada, puesto que necesitan las calorías extras que ésta contiene. Segundo, que si la persona es alérgica a la leche de vaca, podría ensayar la de cabra o la de oveja. Sin embargo, éstas no son tan fáciles de conseguir como la de vaca y además pueden tener mayor contenido de grasa.

Antes de dejar el tema de la leche y sus derivados, debo recordar que tanto la mantequilla como la margarina son muy ricas en grasas saturadas. Las unturas bajas en grasa, que se han popularizado mucho ahora, contienen grasas poliinsaturadas, que son mucho menos nocivas.

MANTEQUILLA Y LECHE	Proteínas	Grasa	Fibra	Vitaminas y minerales	Calorías
MANTEQUILLA	☆	☆☆☆	☆	☆	☆☆☆
UNTURAS BAJAS EN GRASA	☆	☆☆	☆	☆	☆☆
MARGARINA	☆	☆☆☆	☆	☆	☆☆☆
LECHE ENTERA	☆☆	☆☆☆	☆	☆☆☆	☆☆☆
LECHE CONDENSADA	☆☆	☆☆☆	☆	☆☆☆	☆☆☆
LECHE DESCREMADA	☆☆	☆	☆	☆☆☆	☆
LECHE SEMIDESCREMADA	☆☆	☆☆	☆	☆☆☆	☆☆
LECHE DE CABRA	☆☆	☆☆☆	☆	☆☆	☆☆☆
LECHE DE OVEJA	☆☆	☆☆☆	☆	☆☆	☆☆☆

Huevos

Como en la actualidad es de amplio conocimiento público el hecho de que la mayoría de las gallinas sometidas a las condiciones modernas de producción de huevos están contaminadas de salmonela, éstos han sufrido el efecto de una gran publicidad en su contra. Sin embargo, el problema no es tan grave como parece. El riesgo de adquirir salmonela mediante el consumo de huevos es reducido — probablemente de uno en varios millones — y sólo las personas muy jóvenes, las muy ancianas o las muy débiles son propensas a sufrir, por esta causa, algo más grave que un leve malestar digestivo. No obstante, la mayoría de la gente — principalmente la que ha suprimido el consumo de carne — come demasiados huevos.

Aunque parezca sorprendente, los huevos no son muy buenos, puesto que contienen poca proteína y muy poco hierro; por otra parte, son ricos en colesterol. Muy pocos alimentos contienen *más* colesterol que los huevos. Mi consejo es no comer más de dos o tres huevos a la semana. Hay que comprar los que hayan sido puestos por gallinas libres y no por las que son mantenidas en jaulas (y, si es posible, hay que pedir que los empaquen en cajas de cartón biodegradable y no en cajas de plástico no biodegradable).

	Proteínas	Grasa	Fibra	Vitaminas y minerales	Calorías
HUEVOS	☆	☆☆☆	☆	☆	☆☆☆

Pescado

El pescado es un excelente sustitutivo de la carne. Es rico en vitaminas y en grasas poliinsaturadas y bajo en grasas saturadas. También es rico en fósforo. Gran parte del pescado de mar contiene yodo. Algunos pescados pequeños que se consumen enteros (como los boquerones — o anchoas — y las sardinas) son una buena fuente de calcio. Los pescados oleaginosos como la caballa, el arenque, el atún y el salmón contienen ácidos grasos esenciales y vitaminas solubles en grasa como la A y la D. Todos los pescados contienen vitaminas del complejo B. Los pescados blancos, como el bacalao, el róbalo, la platija y el lenguado, tienen muy pocas calorías (aunque al freírlos para el consumo pueden doblar su contenido de calorías). Muchos pescados son ricos en hierro: las sardinas contienen tanto hierro como muchas carnes, y las sardinetas fritas más que un bistec.

Los alimentos de la dieta verde y sus contenidos

Los mariscos, tales como las ostras, las coquinas, los mejillones, los caracoles de mar, los camarones y los cangrejos, contienen aproximadamente la misma cantidad de proteínas y de grasa que el pescado blanco, y más o menos la misma proporción de vitaminas y calorías. Las ostras son una gran fuente de cinc.

Algunos productos hechos con pescado, tales como los deditos y los pasteles, pueden contener grasas saturadas en gran cantidad, así como un gran número de otros ingredientes.

PESCADO	Proteínas	Grasa	Fibra	Vitaminas y minerales	Calorías
BACALAO	☆☆☆	☆	☆	☆☆	☆☆
CANGREJO	☆☆☆	☆	☆	☆☆☆	☆☆
ARENQUE	☆☆☆	☆☆	☆	☆☆☆	☆☆☆
SALMÓN O ARENQUE AHUMADOS	☆☆☆	☆☆	☆	☆☆☆	☆☆☆
CABALLA	☆☆☆	☆☆	☆	☆☆☆	☆☆☆
SARDINAS	☆☆☆	☆☆	☆	☆☆☆	☆☆
PLATIJA	☆☆☆	☆	☆	☆☆☆	☆☆
CAMARONES	☆☆☆	☆	☆	☆☆☆	☆☆
SALMÓN	☆☆☆	☆☆	☆	☆☆☆	☆☆☆
TRUCHA	☆☆☆	☆☆	☆	☆☆	☆☆
ATÚN	☆☆☆	☆☆	☆	☆☆☆	☆☆☆
PASTEL DE PESCADO	☆☆	☆☆	☆	☆☆	☆☆☆
DEDITOS DE PESCADO	☆☆	☆☆	☆	☆☆	☆☆☆

Los altos precios del salmón y de la trucha significan que producir pescado es ahora un gran negocio. Los criadores deben de estar, inevitablemente, usando hormonas para hacer crecer el pescado con más rapidez, antibióticos para ayudar a controlar las infecciones y otros productos químicos para controlar las plagas. Además, algunos industriales de la pesca tratan a los competidores en forma bastante despiadada: cada año, miles de focas, cormoranes y garzas, animales a quienes

Alimentos y recetas

consideran una amenaza, son sacrificados. Otros daños causados al medio ambiente — y la crueldad con los mismos peces — han determinado que muchos consumidores de pescado conscientes no lo compren si ha sido criado en "granjas" especializadas.

Los envenenamientos causados por el consumo de pescado "malo" no son frecuentes. Cuando está dañado huele tan mal, que muy pocos se atreverían a comerlo.

Frutas

Ninguna dieta puede considerarse completa sin un surtido bueno y regular de frutas. Las mejores son las frescas; pero si usted compra frutas enlatadas, trate de conseguir las variedades que no contengan azúcar ni aditivos. Con frutas secas se pueden hacer excelentes meriendas. Muchas frutas secas y

FRUTAS	Proteínas	Grasa	Fibra	Vitaminas y minerales	Calorías
MANZANAS	☆	☆	☆☆	☆☆	☆
ALBARICOQUES	☆	☆	☆☆	☆☆	☆
AGUACATES	☆	☆☆☆	☆☆	☆☆	☆☆☆
BANANOS	☆	☆	☆☆	☆☆☆	☆
MORAS	☆	☆	☆☆☆	☆☆☆	☆
CEREZAS	☆	☆	☆☆	☆☆	☆
HIGOS	☆	☆	☆☆	☆☆	☆
TORONJAS	☆	☆	☆	☆☆☆	☆
UVAS	☆	☆	☆	☆☆	☆☆
LIMONES	☆	☆	☆	☆☆☆	☆
MANGOS	☆	☆	☆☆	☆☆	☆☆
MELONES	☆	☆	☆	☆☆☆	☆
NARANJAS	☆	☆	☆	☆☆☆	☆
DURAZNOS	☆	☆	☆	☆☆	☆
PERAS	☆	☆	☆	☆☆	☆
PIÑAS	☆	☆	☆	☆☆☆	☆
CIRUELAS	☆	☆	☆	☆☆	☆
UVAS PASAS	☆	☆	☆	☆☆	☆☆
FRESAS	☆	☆	☆	☆☆	☆

Los alimentos de la dieta verde y sus contenidos

frutas enlatadas aún contienen minerales y vitaminas, pero las mejores fuentes de estos nutrimentos esenciales se encuentran en los productos frescos.

Nueces y semillas

Fuera del maní o cacahuete (crudo, salado o confitado), la mayoría de los no vegetarianos prácticamente nunca consumen nueces y semillas. Es una lástima. Se puede conseguir una gran variedad de estos productos, y algunos son estupendos cuando se sirven enteros en ensaladas, o cuando se utilizan para enriquecer los cereales del desayuno, o como merienda, o molidas, para untar. Si la tienda de comestibles que usted frecuenta no tiene una buena provisión de nueces, búsquelas en una tienda naturista o en un supermercado que se preocupe por ofrecer estos productos.

Debo decir, de paso, que sé que el maní, hablando con propiedad, es una legumbre y debiera figurar entre las arvejas y los fríjoles pero, como la mayor parte de las personas lo consideran una variedad de nuez, lo incluí aquí.

NUECES	Proteínas	Grasa	Fibra	Vitaminas y minerales	Calorías
ALMENDRAS	☆☆	☆☆☆	☆	☆	☆☆☆
NUECES DEL BRASIL	☆	☆☆☆	☆	☆☆	☆☆☆
MARAÑONES	☆☆	☆☆☆	☆	☆☆	☆☆☆
CASTAÑAS	☆	☆	☆	☆	☆☆
COCO	☆	☆☆☆	☆	☆	☆☆☆
AVELLANAS	☆	☆☆☆	☆	☆	☆☆☆
MANÍ	☆☆	☆☆☆	☆	☆☆	☆☆☆
PACANA	☆	☆☆☆	☆	☆	☆☆☆
NUECES DE NOGAL	☆	☆☆☆	☆	☆	☆☆☆
SEMILLAS DE SÉSAMO	☆☆	☆☆☆	☆	☆☆	☆☆☆
SEMILLAS DE GIRASOL	☆☆	☆☆☆	☆	☆☆	☆☆☆

Alimentos y recetas

Pasta

Cuando la gente piensa en la pasta, en general se imagina los espaguetis blancos corrientes. ¡Pero la pasta puede ser mucho más que eso! Si usted echa un vistazo en un supermercado se dará cuenta de que hay muchas variedades de pasta, adecuadas para una enorme variedad de recetas (ninguna de las cuales necesita incluir carnes). Recuerde también que la pasta de trigo integral contiene más fibra, más proteínas, más vitaminas y más minerales que la pasta blanca ordinaria.

PASTA	Proteínas	Grasa	Fibra	Vitaminas y minerales	Calorías
ESPAGUETI (BLANCO)	☆	☆	☆	☆	☆
ESPAGUETI (INTEGRAL)	☆☆	☆	☆☆	☆☆	☆

Aves

Comer aves, conocidas a veces como carne "blanca", es un paso intermedio entre el consumo de carne y el vegetarianismo. Si usted quiere prescindir de la carne roja, pero no lo hace feliz dejar la carne del todo, la carne de ave es una concesión razonable. La mayoría de las variedades de ésta contienen menos grasa que la mayoría de las carnes rojas, y aunque el pollo corre un riesgo mayor de infectarse con salmonela (por lo cual exige una preparación cuidadosa), los riesgos para la salud que se corren ingiriendo carne blanca son considerablemente menores que los asociados a la carne roja.

De paso, recuerde que la mayor cantidad de grasa de la carne de ave se encuentra en la piel e inmediatamente debajo de ella. Si uno retira la piel y se come sólo la carne, reduce considerablemente el consumo de grasa y de calorías.

Los alimentos de la dieta verde y sus contenidos

AVES	Proteínas	Grasa	Fibra	Vitaminas y minerales	Calorías
POLLO	☆☆☆	☆☆	☆	☆☆	☆☆
PATO	☆☆☆	☆☆☆	☆	☆☆	☆☆☆
PAVO	☆☆☆	☆☆	☆	☆☆	☆☆

Pudines y productos dulces

Con frecuencia, éste es el punto débil de los que hacen dieta, porque la mayoría han adquirido, a lo largo de la vida, ¡el gusto por el dulce! Sin embargo, puede haber algunas sorpresas en la siguiente lista...

PUDINES Y PRODUCTOS DULCES	Proteínas	Grasa	Fibra	Vitaminas y minerales	Calorías
PUDÍN DE PAN	☆☆	☆☆	☆☆	☆☆☆	☆☆☆
PUDÍN DE CHOCOLATE	☆	☆☆☆	☆	☆	☆☆☆
TARTA DE FRUTAS	☆	☆☆	☆	☆☆	☆☆☆
ENSALADA DE FRUTAS FRESCAS	☆	☆	☆	☆☆	☆
HELADO	☆	☆☆☆	☆	☆☆	☆☆☆
GELATINA	☆	☆	☆	☆	☆
PANQUEQUES	☆☆	☆☆	☆	☆☆	☆☆☆
PUDÍN DE ARROZ	☆	☆	☆	☆☆	☆☆
CONSERVA DE FRUTAS	☆	☆☆☆	☆	☆☆	☆☆☆
YOGUR NATURAL	☆☆	☆	☆	☆☆☆	☆
YOGUR CON SABOR	☆☆	☆	☆	☆☆☆	☆☆

Legumbres

Uno de los alimentos más nutritivos que hay en el mundo entero es también uno de los más simples: una tostada de pan integral cubierta de fríjoles cocidos. Los fríjoles son tal vez los miembros más conocidos de toda la familia de las legumbres, pero hay quienes incluyen también las arvejas, las lentejas, la soya y el tofu. Las legumbres son una parte esencial de la dieta verde.

Alimentos y recetas

LEGUMBRES	Proteínas	Grasa	Fibra	Vitaminas y minerales	Calorías
FRÍJOLES COCIDOS	☆☆	☆	☆☆	☆☆☆	☆
HABAS	☆☆	☆	☆☆	☆☆☆	☆
HABICHUELAS	☆☆	☆	☆☆	☆☆☆	☆
FRÍJOLES ROJOS	☆	☆	☆☆	☆☆☆	☆
LENTEJAS	☆☆	☆	☆☆	☆☆☆	☆
SOYA	☆☆☆	☆☆	☆☆	☆☆☆	☆

Cereales (avena, arroz y trigo)

La avena es uno de los alimentos más útiles que un vegetariano o un aspirante a adelgazar pueden conseguir. Si usted es vegetariano y quiere adelgazar, decisivamente debe incluir siempre la avena en la lista del mercado. El salvado de avena contiene proteínas, carbohidratos y vitamina B, al igual que más fibra soluble que ningún otro alimento. La harina de avena tiene los mismos ingredientes básicos pero bastante menos fibra. La avena cumple varias funciones vitales:

A. Demora el paso de la comida, de tal manera que uno siente hambre con menos frecuencia y no muy pronto después de comer, así que ayuda al que está adelgazando a perder peso.

B. La digestión de los alimentos ricos en fibra emplea energía; la avena quema calorías.

C. La avena — especialmente el salvado de avena — ayuda a bajar los niveles de colesterol.

Al desayuno se puede tomar avena en forma de gachas; a otras horas del día, como ingrediente del pan, de las galletas o de los panecillos. Hay una receta muy práctica en la página 208, pero los empaques corrientes de avena y de salvado de avena con frecuencia ofrecen útiles indicaciones para su preparación.

Recuerde que si tiene altos niveles de colesterol o si ha comido en el pasado grandes cantidades de grasa, la ingestión de salvado de avena puede ayudar a eliminar parte de la grasa superflua de la sangre.

Los alimentos de la dieta verde y sus contenidos

El cereal más conocido es, sin duda, el arroz, alimento todavía ampliamente desaprovechado en los países europeos, a pesar de haber sido por largo tiempo un elemento básico de la alimentación de las naciones orientales. El arroz integral es mucho más benéfico desde el punto de vista nutricional que el arroz blanco. Otros cereales son la cebada, el trigo sarraceno o alforjón, el maíz, el centeno y el trigo.

CEREALES (AVENA, ARROZ Y TRIGO)	Proteínas	Grasa	Fibra	Vitaminas y minerales	Calorías
SALVADO DE AVENA	☆☆	☆	☆☆☆	☆☆☆	☆☆
HARINA DE AVENA	☆☆	☆	☆☆	☆☆☆	☆☆
PALOMITAS DE MAÍZ	☆	☆	☆☆	☆	☆☆☆
ARROZ INTEGRAL	☆	☆	☆☆	☆☆☆	☆☆
ARROZ BLANCO	☆	☆	☆	☆☆	☆☆
TRIGO BLANCO	☆	☆	☆☆	☆☆	☆☆
TRIGO INTEGRAL	☆☆	☆	☆☆☆	☆☆☆	☆☆

Verduras y ensaladas

Casi todas las verduras son mejores si se consumen crudas. Todas son mejores si no se cocinan hasta convertirlas en puré. Trate de comer de vez en cuando papas asadas con pellejo.

VERDURAS Y ENSALADAS	Proteínas	Grasa	Fibra	Vitaminas y minerales	Calorías
ALCACHOFAS	☆☆	☆	☆☆	☆☆	☆
ESPÁRRAGOS	☆☆	☆	☆☆	☆☆	☆
BROTES DE BAMBÚ	☆☆	☆	☆☆	☆☆	☆
RAÍCES CHINAS	☆	☆	☆	☆	☆
REMOLACHA	☆	☆	☆	☆☆	☆
BRÓCULI	☆☆	☆	☆☆	☆☆☆	☆
COLES DE BRUSELAS	☆☆	☆	☆☆	☆☆☆	☆
REPOLLO	☆☆	☆	☆☆	☆☆☆	☆

Alimentos y recetas

ZANAHORIAS	☆	☆	☆☆☆	☆☆	☆
COLIFLOR	☆☆	☆	☆☆	☆☆☆	☆
APIO	☆	☆	☆	☆☆	☆
MAÍZ EN MAZORCA	☆	☆	☆	☆☆	☆☆
COHOMBROS	☆	☆	☆	☆	☆
COL	☆☆	☆☆	☆☆	☆☆☆	☆
PUERROS	☆	☆	☆	☆☆☆	☆
LECHUGA	☆	☆	☆	☆	☆
HONGOS	☆☆	☆	☆	☆	☆
ACEITUNAS	☆	☆☆☆	☆	☆	☆☆
CEBOLLA	☆	☆	☆	☆☆	☆
PEREJIL	☆	☆	☆	☆☆	☆
CHIRIVÍA	☆	☆	☆☆	☆☆	☆
PAPAS (PATATAS)	☆	☆	☆☆	☆☆	☆☆
RÁBANOS	☆	☆	☆	☆	☆
ESPINACAS	☆☆	☆	☆☆	☆☆☆	☆
TOMATES	☆	☆	☆	☆	☆
NABOS	☆	☆	☆☆	☆☆	☆
BERROS	☆☆	☆	☆	☆☆	☆

9
Recetas para una dieta verde

Hay cientos de libros con recetas especiales para vegetarianos de todos los matices de verde. Programar una comida que no contenga carne roja o productos cárnicos es bastante fácil. En las páginas siguientes hay algunas recetas sencillas que incluí para mostrar simplemente cuán estimulante y variada puede llegar a ser la dieta verde. Mi sugerencia es que combine estas recetas con otras de los libros de cocina que posea.

Para seguir la dieta verde usted no tiene que contar las calorías, pesar los alimentos ni seguir reglas exactas. Los aspirantes a adelgazar descubrirán que tienen más libertad — y más diversión — ¡que nunca antes!

PREGUNTA: *Vivo muy ocupado. ¿Es verdad que una comida vegetariana toma más tiempo de preparación que una con carne?*

RESPUESTA: *¡No, eso no es verdad! Al principio, es posible que emplee más tiempo en preparar los platos vegetarianos porque apenas los está conociendo; pero la mayor parte de la comida vegetariana se prepara rápidamente, y es fácil hacerlo con anticipación.*

Alimentos y recetas

PREGUNTA: *Me gustaría dejar de comer carne, pero mi marido no quiere ni pensarlo. ¿Qué puedo hacer?*

RESPUESTA: Usted no tiene por qué comer la misma comida que su marido, al igual que tampoco tiene que votar por el mismo candidato. Conozco algunas mujeres que son vegetarianas, pero que preparan carne para su marido y para sus hijos. Otras, cocinan el resto de la comida pero les piden a los que quieren carne que la cocinen ellos mismos.

Recetas verde claro

(incluyen pollo y pescado)

"Salchichas" de pollo

Para 8 "salchichas" aproximadamente

500 g de pollo bien desmenuzado
1 cucharada sopera de salvado de avena
una pizca de cualquiera de las siguientes hierbas: albahaca, orégano, salvia, tomillo (o cualquier otra que tenga a mano)

Precaliente el horno a 200°C y engrase un recipiente para hornear. Mezcle el pollo con el salvado y las hierbas, y, con la mezcla, haga pequeñas figuras en forma de salchicha; colóquelas en el recipiente y cocínelas durante 30 minutos.

Cazuela de pollo y puerros

2 porciones

300 ml de leche fría
1 cucharada sopera de harina de maíz
1 cucharada sopera de queso parmesano rallado

1 cucharadita de mostaza francesa
2 porciones de pollo cocido (sin piel)
2 puerros grandes, lavados y limpios
1 tajada gruesa de pan integral viejo

Precaliente el horno a 180°C y engrase una cazuela refractaria. Eche la leche en un jarro y agregue la harina, revolviendo, hasta que la consistencia sea suave y cremosa. Vierta la mezcla en una cacerola gruesa y caliéntela a fuego lento, y luego agregue el queso y la mostaza y revuelva bien. Corte el pollo en pedazos pequeños. Corte los puerros en pedazos del tamaño de un bocado y colóquelos en la cazuela. Ponga los trozos de pollo encima de los puerros y luego vierta por encima la salsa de queso caliente. Desmenuce el pan y cubra con las migajas el contenido de la cazuela; cocine al horno, sin cubrir, durante 30 minutos.

Pollo verde

2 porciones

350 g de bróculi fresco y cocido
300 ml de caldo de verduras
2 hongos bien grandes, cortados en tajadas
1 cucharada sopera de arrurruz, disuelta en
una cucharada de agua fría
6 cucharadas soperas de leche descremada
1 cucharadita colmada de tomillo finamente picado
1 hoja de salvia, finamente picada
40 g de queso descremado, rallado
$1/2$ cucharadita de salsa de soya
125 g de pechugas de pollo cocidas, finamente tajadas

Precaliente el horno a 220°C. Engrase un recipiente para hornear y coloque el bróculi. Caliente el caldo, agregue los hongos y cocine a fuego lento durante 5 minutos. Agregue el arrurruz poco a poco, revolviendo enérgicamente todo el tiempo, y luego agregue la leche, las hierbas, el queso y la salsa de soya. Cocine a fuego lento por unos pocos minutos. Vierta la mitad de la salsa sobre el brócoli, ponga encima las tajadas de pollo y cúbralas con el resto de la salsa. Hornee sin tapar, durante 15 minutos.

Kedgeree victoriano
2 porciones

3 cucharadas soperas de arroz integral cocido
60 g de bacalao cocido y desmenuzado
1 tomate picado
aceite vegetal para freír
1 huevo duro, picado

Mezcle el arroz, el bacalao y el tomate. Caliente una pequeña cantidad de aceite vegetal en una cacerola. Agregue la mezcla y caliente a fondo, revolviendo. Sirva caliente, adornado con el picadillo de huevo duro.

Espaguetis a la napolitana
2 porciones

90 g de espaguetis integrales
1 cucharada sopera de aceite vegetal
60 g de hongos, picados
$1/2$ pimiento verde, picado
1 zanahoria pequeña, picada

1 diente pequeño de ajo, machacado
1 bulbo de cebolla pequeño, picado
250 g de tomates enlatados
1 cucharada sopera de puré de tomate
hierbas y condimentos al gusto
1 cucharada sopera de queso parmesano rallado

Cocine los espaguetis en agua hirviendo. Fría las verduras en aceite durante 5 minutos. Agregue los tomates, el puré de tomate, las hierbas y los condimentos al gusto. Cocine por unos pocos minutos más. Cuele los espaguetis y sírvalos cubiertos con la salsa espesa de verduras y con el queso parmesano.

Pollo campesino

2 porciones

1 cucharada sopera de aceite vegetal
2 pechugas de pollo, sin piel, lavadas y secas
$1/2$ bulbo de cebolla, picado
1 manzana pequeña, picada
1 diente de ajo, machacado
1 cucharada sopera de polvo de curry
$1/2$ cucharadita de canela molida
$1/2$ cucharadita de jengibre molido
1 cucharada sopera de salsa de mango
150 ml de leche descremada

Caliente el aceite en una cacerola y sofría el pollo hasta que esté dorado. Sáquelo de la cacerola y manténgalo caliente. Ponga la cebolla, la manzana y el ajo dentro de la cacerola y fríalos hasta que doren. Agregue el polvo de curry, la canela, el jengibre, la salsa de mango y la leche. Ponga la mezcla a hervir; devuelva el pollo a la cacerola, tape y cocine a fuego lento, durante 45 minutos o hasta que esté tierno.

Hamburguesa de pavo a la barbacoa
Para 4 hamburguesas

500 g de pechugas de pavo bien desmenuzadas
4 cucharadas soperas de salvado de avena
4 cucharadas soperas de cebolla picada
2 cucharadas soperas de picadillo de pimientos variados

Mezcle todos los ingredientes, forme cuatro hamburguesas y áselas a la parrilla. Sírvalas con ensalada aderezada y con pan de trigo integral.

Pinchos de pescado
2 porciones

125 g de bacalao
$1/2$ pimiento pequeño rojo o verde
1 bulbo de cebolla pequeño
60 g de hongos
4 cucharadas soperas de vino blanco seco
$1\ 1/2$ cucharadas soperas de aceite de girasol
$1/2$ limón pequeño cortado en cuartos

Corte el bacalao en cubos, el pimiento en cuadrados y la cebolla en cuartos. En los dos pinchos, ensarte alternadamente pedazos de pescado, hongos, pimiento y cebolla. Mezcle el vino y el aceite, vierta la mezcla sobre los pinchos y deje reposar por una hora, dándoles vuelta de vez en cuando. Precaliente la parrilla en alto. Coloque los pinchos sobre la parrilla y áselos de 5 a 6 minutos, dándoles vuelta regularmente. Ponga un cuarto de limón en el extremo de cada pincho.

Pasteles de pescado
Para 6 pasteles aproximadamente

250 g de bacalao cocido (asegúrese de que no tenga espinas)
250 g de papas hervidas, frías
30 g de untura baja en grasa y poliinsaturada
1 cucharada sopera de perejil picado

Machaque el pescado y las papas. Mezcle con la untura baja en grasa y con el perejil. Forme los pasteles y fríalos en aceite vegetal de 3 a 4 minutos.

Cazuela de bacalao
2 porciones

1/2 pimiento verde
1 puerro
2 tomates
1 cucharada sopera de aceite vegetal
150 ml de jugo de tomate
250 g de bacalao sin espinas
1 cucharada sopera de jugo fresco de limón
1 cucharada sopera de perejil picado

Precaliente el horno a 180°C y engrase una cazuela refractaria. Corte el pimiento y el puerro en trozos pequeños y los tomates en cuartos. Caliente el aceite en una sartén, y fría el puerro y el pimiento durante 8 minutos, revolviendo, mientras va agregando el jugo de tomate, a partir de los 4 minutos. Retire la sartén del fuego y agregue los cuartos de tomate. Ponga en la cazuela. Corte el pescado en trozos pequeños y agrégueselos a la mezcla. Vierta el jugo de limón sobre el pescado y esparza encima de éste el perejil. Cubra y cocine de 15 a 20 minutos.

Alimentos y recetas

Tarta del pescador

2 porciones

3 papas medianas
150 ml de leche descremada *más* otro poquito para el puré de papa
1 cucharadita de untura baja en grasa y poliinsaturada
1 huevo cocido
250 g de róbalo fresco o de bacalao
1 cucharada sopera de harina de maíz
1 cucharadita de perejil recién picado
condimentos al gusto

Hierva las papas y haga con ellas una masa mezclándolas primero con un poquito de leche descremada y luego con la untura baja en grasa. Pique el huevo duro. Precaliente el horno a 190°C y engrase una vasija refractaria. En una cacerola con agua hierva el pescado durante 15 minutos. Sáquelo, retire la piel y las espinas, y desmenúcelo. Mezcle la harina de maíz con un poquito de leche fría hasta lograr una pasta suave. Vierta la leche restante en una cacerola gruesa y póngala a fuego lento; agregue la harina y revuelva bien hasta que espese. Agregue el huevo y el perejil, y condimente con especias y pimienta al gusto. Mézclele la salsa al pescado y póngalo en la vasija refractaria. Distribuya el puré de papa por encima y hornee durante 25 minutos hasta que dore.

Camarones a la española

2 porciones

$1/2$ bulbo de cebolla grande, picado
1 diente de ajo, machacado
2 cucharadas soperas de aceite vegetal
$1/2$ pimiento rojo o verde
125 g de arroz integral
4 cucharadas soperas de vino blanco

4 cucharadas soperas de caldo de verduras
$1^{1}/_{2}$ cucharadas soperas de puré de tomate
$^{1}/_{2}$ cucharada sopera de perejil recién picado
$^{1}/_{2}$ cucharadita de estragón seco
90 g de hongos
250 g de camarones

Precaliente el horno a 200°C y engrase una cazuela refractaria. Sofría la cebolla y el ajo en una sartén con 1 cucharada sopera del aceite; luego corte el pimiento en tiritas delgadas y póngalo en la sartén. Mezcle el arroz con el sofrito, luego agregue el vino y cocine a fuego lento por 2 minutos. Agregue todos los ingredientes restantes, salvo los hongos y los camarones, y ponga a hervir. Vierta la mezcla en la vasija refractaria, tápela y hornee durante 50 minutos. Corte los hongos en tajadas. Caliente la cucharada de aceite restante y sofría los hongos durante 2 minutos, luego retírelos de la sartén y cocine los camarones durante 2 ó 3 minutos. Saque el arroz del horno, mézclele los camarones y los hongos, y devuélvalo al horno por otros 5 minutos.

Recetas verde medio

(incluyen huevos, leche y sus derivados)

Huevos venecianos

2 porciones

250 g de espinacas
1 cucharada sopera de queso parmesano rallado
2 huevos

Precaliente el horno a 180°C y engrase una vasija refractaria pequeña. Pique las espinacas finamente y cocínelas en muy poca agua. Esparza las espinacas en el fondo de la vasija refractaria y espolvoree el queso por encima. Use la parte convexa de una cuchara para formar dos cavidades en la superficie de las espinacas, y vierta un huevo crudo en cada una de ellas. Hornee de 8 a 10 minutos.

PREGUNTA: *Si me vuelvo vegetariano, ¿qué debo hacer cuando tenga invitados a comer o cuando esté invitado a comer fuera?*

RESPUESTA: *Tendrá que decirles que usted es vegetariano. Y si tiene invitados a comer, explíqueles que no habrá ni carne ni pescado en la comida. Si lo han invitado a comer, infórmele ampliamente y de antemano a su anfitrión. No deje la llamada para la víspera, ni espere el olor del asado para anunciar que usted es vegetariano, ni se ponga a escoger lo que pueda comer, sin decirle a nadie. En la actualidad hay tantos vegetarianos que la situación no es tan difícil... aunque uno tenga que soportar algunas miradas de extrañeza y escuchar comentarios de gente que no comprende por qué uno ha renunciado a la carne. De usted depende que quiera o no explicar por qué lo hace. Si se vuelve vegetariano, nunca le faltará tema de conversación... ¡aunque puede correr el riesgo de convertirse en un aguafiestas!*

Ensalada parisiense

2 porciones

1 naranja pelada y separada en gajos
1 zanahoria rallada
15 g de almendras picadas
60 g de requesón
60 g de apio picado
1 pan francés

Parta cada gajo de naranja por la mitad y mezcle los cinco primeros ingredientes. Coma esta mezcla con el pan francés.

Emparedado del viajero
De 1 a 2 porciones

1 huevo cocido, finamente picado
60 g de requesón
4 cucharadas soperas de berros picados
mostaza al gusto
1/2 barra de pan integral

Mezcle los cuatro primeros ingredientes y úselos como relleno para el emparedado.

Sabrosas tortitas holandesas
2 porciones

250 g de papas con pellejo, cocidas
nuez moscada al gusto
pimienta negra molida, al gusto
1 cucharada sopera de leche descremada
1/2 bulbo de cebolla, finamente picado
125 g de verduras cocidas

Si va a usar el horno, precaliéntelo a 180°C y engrase un recipiente para hornear. Pele las papas y luego macháquelas junto con la nuez moscada y la pimienta. Agregue la leche descremada. Fría la cebolla sin aceite en una sartén que no se pegue, hasta que esté tierna. Mezcle las papas, las verduras y la cebolla y forme con la mezcla cuatro tortitas redondas. Hornéelas durante 10 minutos o áselas a fuego moderado durante 15 minutos.

Empanadas de verduras
2 porciones

150 ml de leche descremada
$1/2$ cucharada sopera de harina de maíz
$1/2$ cucharada sopera de perejil picado
pimienta negra al gusto
una selección de sobras de verduras cocidas
125 g de pasta de hojaldre

Precaliente el horno a 220°C y engrase un recipiente para hornear. Mezcle la harina con un poquito de leche fría hasta conseguir una pasta suave. Vierta el resto de la leche en una cacerola, agregue esta pasta, caliente a fuego lento, revolviendo. Mantenga la mezcla al fuego hasta que espese, agregue el perejil y condimente con la pimienta negra. Agregue las verduras cocidas. Extienda la pasta de hojaldre sobre una superficie enharinada y córtela en cuatro cuadrados. Ponga las verduras en la mitad de cada uno de los dos cuadrados. Con un pincel, moje los bordes de los cuadrados con agua y luego coloque los dos cuadrados restantes sobre los anteriores. Apriete los bordes uno contra otro para sellarlos bien. Pase las empanadas al recipiente, llévelas al horno y hornéelas durante 25 minutos.

Pizza Los Ángeles
2 porciones

$1/2$ bulbo de cebolla grande
una lata pequeña de tomates
2 panes árabes
60 g de queso descremado, rallado
hierbas secas al gusto:
albahaca, orégano, mejorana y tomillo
pimienta negra molida al gusto

Ablande la cebolla en un poquito de agua, a fuego lento, y no la dore. Pique los tomates y extiéndalos en forma pareja sobre cada pan árabe. Agregue una tajada de cebolla, y espolvoréelos con el queso, las hierbas y la pimienta negra. Áselos hasta que el queso esté dorado.

Bróculi francés
2 porciones

1 cucharada sopera de aceite vegetal
2 cebolletas, picadas
1 diente de ajo, machacado
$1/2$ cucharadita de orégano
$1/2$ cucharadita de estragón
1 cucharada sopera de perejil recién picado
una pizca de pimienta de Cayena
pimienta negra molida al gusto
350 g de bróculi cocido
60 g de miga de pan
60 g de queso descremado, rallado

Caliente el aceite y sofría las cebolletas y el ajo. Agregue las hierbas y los condimentos y luego el bróculi. Ponga la mezcla en una cazuela resistente al fuego. Mezcle la miga de pan con el queso y extiéndalos por encima. Ase hasta que la superficie quede bien dorada.

Huevos a la diabla
2 porciones

2 huevos duros
1 cucharada sopera de yogur natural
60 g de requesón
pimienta negra molida al gusto

una pizca de polvo de mostaza seca
pimiento rojo seco molido, al gusto

Descascare los huevos y córtelos a lo largo en mitades. Saque las yemas cuidadosamente con la punta de un cuchillo afilado y resérvelas para otro plato, o para relleno de un emparedado. Mezcle el yogur con el requesón, agregue la pimienta y la mostaza y revuelva hasta conseguir una pasta suave. Rellene con ella las claras de huevo y espolvoree moderadamente con el pimiento.

Pimientos a la milanesa

2 porciones

1 pimiento grande rojo o verde
1 cucharada sopera de aceite vegetal
1 bulbo de cebolla grande, picado
1 diente de ajo, machacado
2 cucharadas soperas de vino tinto
1 cucharada sopera de puré de tomate
1 cucharada sopera de romero, orégano, perejil y hierbabuena picados y mezclados
4 cucharadas soperas de caldo de verduras
125 g de figuritas de pasta sin cocinar
40 g de miga de pan
1 clara de huevo
60 g de queso descremado, rallado

Precaliente el horno a 180°C y engrase un recipiente para hornear. Cocine el pimiento en agua hirviendo, durante un minuto. Enfríelo luego bajo el agua del grifo, divídalo en mitades y retire las semillas. Caliente el aceite y sofría la cebolla y el ajo. Agregue el vino, el puré de tomate, las hierbas y el caldo. Cocine a fuego lento durante 10 minutos. Disponga la pasta en una fuente amplia. Mézclele bien la miga de pan y la clara de huevo, y luego agréguele la mezcla que preparó anteriormente. Con una cuchara, llene las mitades del pimiento con esta nueva mezcla y colóquelas en el recipiente para hornear; luego, tape el recipiente y póngalo en un recipiente hondo con un poquito de agua. Hornee durante 20 minutos. En seguida, retire la tapa, agregue el queso y hornee durante otros 15 minutos hasta que las dos mitades del pimiento estén bien cocidas y el queso dorado.

Muffins de salvado de avena
Aproximadamente para 12 panecillos

350 g de salvado de avena
40 g de frutas secas mezcladas
(uvas pasas, grosellas, dátiles picados, etc.)
1 cucharada sopera de polvo de hornear
40 g de nueces de distinto tipo, picadas
60 g de azúcar o la medida equivalente
de un edulcorante artificial
250 ml de leche descremada
2 cucharadas soperas de aceite vegetal
2 claras de huevo

Precaliente el horno a 220°C y engrase un molde para *muffins*, de 12 huecos. Mezcle el salvado de avena, las frutas secas, el polvo de hornear y las nueces, y luego agregue el azúcar. Mezcle la leche, el aceite y las claras de huevo y agréguelos a lo anteriormente enumerado. Incorpore muy bien y llene los huecos del molde, en forma pareja, con cucharadas de esta mezcla. Hornee de 15 a 20 minutos o hasta que los *muffins* se sientan firmes al presionarlos.

Galletas de nuez
Para 10 galletas aproximadamente

papel de arroz
2 claras de huevo
125 g de nueces de distinto tipo, molidas
90 g de azúcar
2 cucharadas soperas de arroz integral molido
la corteza de una naranja, rallada

Precaliente el horno a 180°C. Engrase una lata de hornear y fórrela con papel de arroz. En un recipiente, bata a punto de nieve las claras de huevo. Agregue las nueces y el azúcar y luego el arroz y la ralladura de la corteza de naranja. Coloque montoncitos de esta mezcla (déjeles espacio suficiente para que se expandan durante la cocción) en el papel de arroz, y cuézalos de 20 a 25 minutos. Sirva cada galleta con su correspondiente base de papel de arroz.

Muesli natural con frutas
2 porciones

2 cucharadas soperas de salvado de avena
$1/2$ cucharada sopera de semillas de ajonjolí
$1/2$ cucharada sopera de semillas de girasol
1 manzana, en tajadas
1 plátano (banano), en tajadas
2 cucharadas soperas de una mezcla de uvas pasas y grosellas

Mezcle bien todos los ingredientes y sirva con leche descremada o con yogur natural.

Yogur de frutas
2 porciones

300 ml de yogur natural
1 manzana, en cubitos
1 naranja pelada, en gajos
1 racimo pequeño de uvas sin semillas
1/4 de melón pequeño, en cubitos
1 plátano (banano), en tajadas
4 cucharadas soperas de salvado de avena

Mezcle todos los ingredientes en una gran fuente, y sirva bien frío.

Recetas verde oscuro
(se utilizan sólo ingredientes vegetarianos "puros")

Cocido de verduras
2 porciones

Una cucharada de aceite vegetal
1 bulbo de cebolla mediano
1 nabo pequeño, en tajadas
1 arracacha o una chirivía pequeña, en tajadas
1 zanahoria grande, en tajadas
1 papa pequeña, en tajadas
4 coles de Bruselas, en tajadas
600 ml de agua
1 cucharada sopera de salsa de soya
1 cucharada sopera de perejil recién picado

Ponga el aceite en una cacerola gruesa, y fría la cebolla. Agregue las otras verduras y la mitad del agua. Cuando haya hervido, tape y cocine a fuego lento durante 20 minutos. Vierta luego el agua restante y la salsa de soya. Inmediatamente antes de servir, agregue el perejil.

Empanadas de Devon
Para 6 empanadas

90 g de manteca vegetal sólida (fría)
125 g de harina de trigo integral
$1/2$ taza de agua fría
250 g de espinacas
$1/2$ cucharada sopera de aceite de oliva
$1/2$ bulbo de cebolla, pelado y picado
$1/2$ diente de ajo, machacado
30 g de miga de pan
90 g de nueces mezcladas y picadas
1 cucharada sopera de perejil picado

Ponga la manteca en medio de la harina, en una fuente; agregue el agua y amase hasta lograr una pasta. Cubra esta pasta y métala en el refrigerador durante 30 minutos. Precaliente el horno a 220°C y engrase un molde de hornear. Pique finamente las espinacas y cocínelas en muy poca agua durante 5 minutos. Enfríelas y conviertalas en puré. Caliente el aceite de oliva y fría la cebolla y el ajo. Retírelos del fuego y luego agregue la miga de pan, las nueces, el perejil y las espinacas. Extienda la pasta en una superficie enharinada, y luego córtela en seis círculos. Reparta el relleno en los círculos y luego doble la pasta y séllela. Haga unos agujeritos a cada lado de la empanada para permitir que el aire escape durante la cocción. Hornee durante 20 minutos.

Ensalada regia

2 porciones

1 hoja de lechuga
2 zanahorias
2 tomates
4 rábanos
60 g de hongos
4 cebolletas
$1/2$ pimiento verde pequeño
1 manzana
2 cucharadas soperas de aceite vegetal
1 cucharada sopera de vinagre de sidra
60 g de nuez picada
30 g de maní (cacahuete) tostado
30 g de uvas pasas

Corte la lechuga en tiritas. Ralle y pique las verduras y corte la manzana en rodajas. Combine el aceite y el vinagre para hacer una vinagreta y mézclelos bien con la ensalada. Por último agregue las nueces, el maní y las uvas pasas.

Hongos a la galesa

2 porciones

$1/2$ bulbo de cebolla, finamente picado
1 diente de ajo, finamente picado
1 cucharada sopera de aceite vegetal
250 g de hongos, picados
una rociada de salsa de soya
2 tostadas de pan integral

Sofría la cebolla y el ajo en el aceite. Agregue los hongos y cocine a fuego lento. Rocíe la salsa de soya. Sirva sobre las tostadas calientes.

Alimentos y recetas

Espaguetis a la veronesa
2 porciones

aceite para freír
1 bulbo de cebolla, picado
1 tallo de apio, picado
2 cucharadas soperas de vino tinto
390 g de tomates enlatados
1 cucharada sopera de puré de tomate
1 cucharada sopera de una mezcla de albahaca, orégano, mejorana y tomillo
150 ml de caldo de verduras
175 g de espaguetis de trigo integral

Caliente el aceite en una sartén y agregue la cebolla y el apio. Agregue el vino y hágalo hervir. Cocine luego a fuego lento durante algunos minutos, y agregue los tomates, el puré de tomate y las hierbas. Vierta el caldo y deje cocinar la mezcla a fuego lento durante 30 minutos. Cocine los espaguetis de acuerdo con las instrucciones del paquete, y sírvalos inmediatamente, cubiertos con la salsa caliente.

Cocido portugués
2 porciones

1 papa grande
1 nabo
1 zanahoria
1 arracacha (o una chirivía)
1 bulbo de cebolla
125 g de habichuelas (judías verdes)
1 diente de ajo
150 ml de caldo de verduras
1 cucharadita de jugo de limón
4 tomates partidos en cuartos

Corte en pedazos grandes todos los vegetales (excepto los tomates) y hiérvalos todos juntos. Cuélelos y agregue el caldo de verduras y el jugo de limón. Mezcle bien todo y siga cocinando a fuego lento. Cuando las verduras estén casi listas, agregue los cuartos de tomate. Continúe hasta que las verduras estén cocinadas y los tomates calientes.

Chile ruso

2 porciones

$1/2$ bulbo de cebolla grande, picado
1 cucharada sopera de aceite vegetal
125 g de trigo en grano
1 lata grande de tomates
1 cucharada sopera de puré de tomate
1 cucharadita de chile (ají picante) en polvo
pimienta negra molida, al gusto
$1/2$ lata de fríjoles rojos

Sofría la cebolla en el aceite. Agregue los demás ingredientes, excepto los fríjoles, y cocine a fuego lento durante 20 minutos o hasta que el trigo esté cocido pero todavía consistente. Agregue los fríjoles y caliente bien.

Tarta del piloto

2 porciones

1 cucharada sopera de aceite vegetal
90 g de cebolla, picada
90 g de zanahoria, rallada
$1/2$ cucharadita de tomillo seco

1/2 cucharada sopera de harina de trigo integral
1/2 cucharadita de extracto de levadura
125 g de pasta de hojaldre
(amasada con untura a base de grasa poliinsaturada)

Precaliente el horno a 190°C y engrase un recipiente para hornear. Caliente el aceite y sofría la cebolla; después agregue la zanahoria y el tomillo y cocine a fuego lento durante 10 minutos. Agregue la harina y el extracto de levadura, revolviendo. Deje enfriar. Extienda la pasta de hojaldre, recubra el molde con la mitad y amontone en el centro el relleno. Coloque la masa restante por encima y selle los bordes. Haga dos o tres pequeños cortes en la parte superior de la tarta y hornee durante 30 minutos.

Tomates a la griega

2 porciones

1 calabacín
1 berenjena pequeña
1 cucharada sopera de aceite vegetal
1 bulbo de cebolla mediano, picado
1 diente de ajo, finamente picado
1 pimiento pequeño, sin semillas y picado
390 g de tomates enlatados
pimienta negra al gusto

Corte en rebanadas el calabacín y la berenjena. Déjelos escurrir durante 30 minutos. Enjuáguelos bien y exprima cualquier resto de líquido. Caliente el aceite en una sartén y ponga a freír la cebolla y el ajo. Agregue las verduras, salvo los tomates, y sofría durante unos minutos. Ponga luego los tomates y condimente con la pimienta negra. Tape y cocine a fuego lento durante 30 minutos.

Recetas para una dieta verde

Sopa de invierno

2 porciones

1 zanahoria grande
1 bulbo de cebolla grande
2 tallos de apio
$1/2$ nabo pequeño
2 papas medianas
300 ml de caldo de verduras
6 ramitas de perejil
nuez moscada rallada, al gusto
pimienta negra molida, al gusto

Pique todas las verduras y póngalas en una olla grande. Agregue el caldo y cocine a fuego lento durante 1 hora. Inmediatamente antes de que finalice la cocción, agregue el perejil. Condimente con la nuez moscada y con la pimienta.

Arroz jamaiquino

2 porciones

1 cucharada sopera de aceite vegetal
$1/2$ cebolla cabezona grande, en tajadas
$1/2$ manzana roja, en tajadas
una pizca de polvo de curry
300 ml de agua
125 g de arroz integral
1 cucharadita de melaza
1 plátano (banano) pequeño, en tajadas
1 cucharada sopera de coco rallado y deshidratado

Caliente el aceite y sofría la cebolla y la manzana. Agregue el polvo de curry y el agua y deje hervir. Agregue el arroz y la melaza y cocine hasta que el agua sea absorbida y el arroz se ponga tierno. Exprima y agregue el plátano. Espolvoree el coco por encima; cocine un momento más y sirva.

Especial de plátano (banano)
2 porciones

2 plátanos (bananos)
el jugo de 1 naranja pequeña
30 g de azúcar
15 g de untura baja en grasa y poliinsaturada

Precaliente el horno a 180°C y engrase un recipiente refractario. Pele los plátanos, córtelos en mitades a lo largo y colóquelos en el recipiente refractario. Vierta el jugo de naranja, espolvoree con el azúcar y luego extienda por encima la untura baja en grasa. Cocine durante 15 minutos.

Pera con especias
1 porción

1 pera grande
4 cucharadas soperas de vino tinto
jengibre, canela y clavo, molidos o enteros

Pele la pera, dejándole el tallo. Cocínela en el vino tinto, a fuego lento, con las especias. Sírvala caliente.

Refresco de frutas
Para cerca de 600 ml

600 ml de zumo natural (sin azúcar) de piña
1 plátano (banano) en tajadas

Recetas para una dieta verde

1 manzana, en tajadas
30 g de semillas de ajonjolí
30 g de semillas de girasol
30 g de uvas pasas
30 g de grosellas

Ponga todos los ingredientes en la licuadora y licue. Mantenga el refresco en el refrigerador y sírvalo frío.